# *Gourmetmat på 60 minuter*

# Gourmetmat på 60 minuter

ASTRID ABRAHAMSSON

GÖRN HELLEBLAD

*Foto Knut E. Svensson*

P

PRISMA

P
Bokförlaget Prisma
Besöksadress: Tryckerigatan 4
Box 2052, 103 12 Stockholm
e-postadress:prisma@prismabok.se
hemsida: www.prismabok.se

Bokförlaget Prisma ingår i
P.A. Norstedt & Söner AB,
grundat 1823


Första upplagan 1989
Andra upplagan, femte tryckningen 2000
Foto Knut E. Svensson
Vinråd Janne Holmström
Formgivning: Omslaget Gunnar Palmgren
Inlagan Ola Österling
Tryckt i Italien av Milanostampa Farigliano 2000
ISBN 91-518-2779-4

# Lättlagat, elegant — fest om en timme

Med den här boken vill vi inspirera till många goda middagar, där värd eller värdinna inte behövt ta ut sig på förarbetet utan enbart får glädje av sin fest. Det finns ju tillfällen när man inte vill, eller har möjlighet att ägna någon längre tid åt själva matlagningen, men ändå vill kunna trolla fram en måltid av klass att bjuda på. Det är med tanke på detta den här boken kommit till.

Vi dukar upp 48 eleganta gourmetmiddagar ur vår uppskattade serie "60-minuters gourmet" i tidningen Allt om Mat. Alla middagarna kan bli klara på en timme sedan råvarorna kommit i huset! Vår idé är att praktiskt visa att exklusiv festmat inte behöver vara komplicerad och tillkrånglad fastän den är vacker, läcker och vällagad. Det hänger istället ofta på själva kompositionen.

När vi gjort vår menysamling har särskilt stor vikt lagts vid valet av råvaror. Prislappen har inte i första hand avgjort, utan snarare kvalitén och bekvämligheten. Eftersom vår målsättning är att ni ska kunna servera en hel middag med drink och tilltugg före och en avslutande dessert efter huvudrätten, har det fallit sig naturligt att vi också använt en del halvfabrikat och råvaror som i sig själva är bekväma. Allt för att underlätta.

Varsågod. Sextio minuters matlagning som är rena nöjet och leder till en middag i gourmetklass.

Lycka till.

Astrid Abrahamsson Görn Helleblad

# Innehåll

# Fisk och skaldjur

**Vinråd**

*Till fisk serverar man vitt vin. Så lyder grundregeln, men som med alla regler så går det bra att göra undantag. Däremot representerar regeln så lång praktisk erfarenhet att det vore dumt att inte känna till den.*

*När det gäller att kombinera mat och dryck är det inte färgen som är den viktigaste skillnaden mellan ett rött och ett vitt vin, istället är det syran och strävheten i vinet.*

*Ett torrt vin med hög fin syra passar utmärkt till de allra flesta fiskrätter.*

*Exempel på sådana viner finns i nästan alla vinländer, men bäst är kanske viner gjorda på druvan chardonnay från Bourgogne, USA, Australien och norra Italien. I sammanhanget får vi inte glömma champagnen.*

*Torra till halvtorra viner från Tyskland, alsaceviner och muscadet är andra exempel på viner som passar till fisk och skaldjur.*

*Till en fiskrätt med fina smaknyanser bör man dock helst servera ett vin som är lika delikat och finessrikt.*

*Ju fetare en fisk är desto mer kraft bör det ligga i vinet. till lax och ål får det gärna finnas lite sötma i vinet. Exempel på sådana viner är fatlagrade bourgogner och tyska kabinettviner från Mosel och Rhen.*

*I Sverige äter vi mycket rökt och gravad lax. Dessa rätter erbjuder en speciell utmaning. Här finns det inget vin som harmonierar med rätterna och då satsar man istället på att skapa intressanta smakbrytningar genom att t ex servera torr fino eller amontillado sherry, eller kanske en fet bawürztraminer från Alsace.*

*Det är viktigt att komma ihåg att en fiskrätt har karaktär av mer än bara fisken. Det ställs helt andra krav på vinet när man serverar fisken naturell, än när man kombinerar en kryddstark tomaträra. Bedöm helheten och välj vinet därefter.*

*Undantagen då? Ja, det är inte bara norrmännen som tycker att rött vin och torsk är en bra kombination. En del röda viner är gjorda för att drickas unga, fruktiga och kylda — 12 grader är en bra serveringstemperatur.*

*Exempel på rödviner som går utmärkt att servera till fisk är beaujolais, unga röda loireviner och en hel del viner från norra Italien.*

# Stekt laxfjäril med grapefrukt och krassesås

## MENY

*Mousserande drink med räkor och ost på pinne*

---

*Stekt laxfjäril med grapefrukt krassesås och stekt klyftpotatis*

---

*Vitt vin*
*Fruktfat*

### Laxfjäril

Om din fiskhandlare ej har en lämplig laxsida att stycka fjärilar av kan man be att få skivor med ben skurna rakt av från en mindre lax. Vilken styckning, det nu blir spelar mindre roll, det viktigaste är att du i första hand väljer en färsk lax om du har möjlighet.

**Det här behövs för 4 pers:**
*4 fjärilstyckade laxfiléer à 150 g*
*1 stor grapefrukt*
*1 tsk salt*
*ca 1 msk smör till stekning*
*1 dl vispgrädde*
*2 dl crème fraiche*
*1 grönsaksbuljongtärning*
*1 ask kryddkrasse*

**Tillbehör:**
*1 påse fryst klyftpotatis, 600 g*
*ev bladpersilja till garnering*

**Gör så här:**
**1.** Börja med att skära ut skinnfria klyftor av grapefrukten. Skär av ett lock i båda ändarna så att fruktköttet blir väl synligt. Skär sedan bort resterande skal runt om så att fruktköttet även där blir väl synligt.
**2.** Tag nu grapen i ena handen och skär försiktigt ut skinnfria klyftor mellan varje klyftvägg. Förbered och tillaga klyftpotatisen enligt förpackningens anvisningar.
**3.** Hetta upp en stekpanna och låt smöret blir nötbrynt. Salta och lägg i laxfjärilarna och stek dem lätt ca 2 minuter på varje sida.
**4.** När fjärilarna är färdiga lägg upp dem på heta tallrikar eller uppläggningsfat. Slå bort stekfettet ur pannan. Tillsätt grädden och crème fraichen i pannan och smula i grönsaksbuljongtärningen. Koka upp det hela under vispning. Klipp i kryddkrassen och smaka av såsen med ev några korn salt. Slå såsen runt fjärilarna och garnera fisken med grapefrukten samt servera knaperstekt klyftpotatis till.

### Dessert

Man hinner ofta inte med när säsongerna inte bara avlöser varandra utan även går i varandra.

I vårt land kan vi njuta våra egna jordgubbar under både högsommar och eftersommar.

Dessutom under hösten finns både persikor och plommon. Varför inte sluta måltiden med ett dignande fruktfat. Välj efter tillgång och pris. Det hela kan dessutom bli en mycket vacker bordsdekoration. Du får i alla fall en garanterat snabblagad dessert.

### Räkor med ost på pinne

Träd upp en ostkub på mitten av en tandpetare. Sätt en skiva rädisa på varje sida om osten. Avsluta med en stor vacker räka i varje ända på tandpetaren. Beräkna 2—3 pinnar per person.

### Mousserande drink (Cucumber cooler)

Lägg 1 msk hackad eller fint tärnad färsk gurka i botten på ett glas. Placera en kantskuren citronskiva med samma diameter som glaset som ett lock över gurkan. Stick några gånger med en gaffel i citronskivan. Fyll på med 1 1/2—2 msk Highlandlikör eller Bénédictinelikör och låt det hela stå och dra i kylen 5—10 minuter. Vid serveringen lägg i en iskub och fyll upp glaset med torrt mousserande vitt vin eller champagne.

BLANCO

# Laxfjäril med italiensk sparris

## MENY

*Drink Normandie*
*Tunnbrödssnurror, rädisor*

---

*Smörstekt laxfjäril italiensk sparris*
*och mandelpotatis*
*Torrt vitt vin*

---

*Punschflamberade bananer med*
*vaniljglass*

Här gör fiskhandlaren ett viktigt jobb. Det är en fröjd att se hur han skär och formar den färska laxen till helt benfria fjärilar, färdiga att lägga i pannan därhemma.

Kraftigt rosa färg har de laxar som vuxit i odlingar under tre års tid. Lite blekare, men minst lika goda är Östersjöns vilda laxar. Vad gäller övriga inköp till vår delikata måltid, så klarar man dem i snabbköpet.

### Smörstekt laxfjäril

Ett godare och bättre sätt finns väl knappast när man vill bjuda några få på färsk lax. En fjärilsskuren, bekvämt benfri portionsskiva, lätt och vackert bräckt i smör.

**Det här behövs för 4 personer:**
*4 fjärilsskurna skivor färsk lax à ca 150 g*
*3/4 tsk salt*
*nymalen peppar — ett par varv på kvarnen*
*2—3 msk smör*

**Gör så här:**
**1.** Fräs smöret i varm men **ej för het** stekpanna.
**2.** Salta och peppra laxfjärilarna, stek dem en dryg minut på vardera sidan eller så att de blir nätt och jämnt genomstekta.

Lägg upp dem på varma tallrikar och bjud dem med mandelpotatis och italiensk sparris.

### Italiensk sparris

**Det här behövs för 4 personer:**
*2 pkt fryst, grön sparris*
*100 g smör*
*1 liten bit parmesan-ost*

**Gör så här:**
**1.** Koka sparrisen enligt paketets anvisningar och lägg den på varmt fat.
**2.** Riv osten. Fräs upp smöret så att det skummar och börjar bli brynt — passa noga så att det inte bränns. Häll det över sparrisen och strö över rikligt med nyriven ost.

### Dessert

Vem kan motstå punschflamberade bananer? Längsklyv 4 mindre bananer, lägg ut dem på rikligt smort fat och strö över lite farinsocker.

Ställ in fatet i 250 ° varm ugn drygt 5 minuter. Ta ut fatet, häll över 1 dl punsch. Skaka om så att punschen värms och tänd på.

Bjud mjuk vaniljglass till.

### Drink

En aptitretare från Normandie gjord på cider och färskpressad grapefrukt. Servera ur stora glas och beräkna 1/2 grapefrukt per person. Garnera ev kanten med en äppelskiva. Drinken är nästan alkoholfri, den kan, om man så vill, spetsas med konjak, calvados eller vodka.

### Tilltugg

Bred mjukt tunnbröd med boursinost eller liknande. Lägg på rökt ren- eller älgkött. Rulla och skär i munsbitar.

# Lätthalstrad gravlax med gräddpotatis

## MENY

*Bubblig melondrink med kräfttilltugg*

*Lätthalstrad gravlax med gräddpotatis*
*Vitt vin*

*Varm rabarberkompott med gräddvaniljglass och kanel*
*Vitt portvin Kaffe*

För många är gravad lax en förrätt eller delikatess på ett smörgåsbord. Dessutom är den knappast någon snabbmat om man ska börja från början och grava själv.

Alternativet är att köpa färdiggravad lax eller att man har gravat en större sida och råkar ha en rejäl bit över. Då kan gravlaxen med lätthet förvandlas till en snabb huvudrätt i gourmetklass.

Laxen ska då skäras i tjocka bitar och halstras hastigt i torr panna eller över het grill i sista minuten. Som tillbehör serverar vi en gräddig dillpotatis som förstärker varmrättskänslan.

Som efterrätt föreslår vi varm rabarberkompott med vaniljglass och kanel. Färska skalade rabarber skurna i bitar får tillsammans med strösocker smälta ihop på svag värme i en kastrull. Något vatten behövs ej och socker tillsätts efter smak och rabarberns syra. Servera kompotten varm med gräddvaniljglass och malen kanel till.

### Halstrad gravlax

Gräddpotatis är en exklusiv variant av stuvad potatis. Den bygger på rå tärnad potatis som kokas i grädde. När potatisen är mjuk och färdigkokt har den tillsammans med sin egen stärkelse och grädden kokat ihop till en lagom stuvning. Med den här metoden bevarar du alla smaker och får en stuvning helt utan mjöl.

**Det här behövs för 4 personer:**
*4 tjocka bitar gravlax à 130 g*
*ca 1/2 msk olja*

**Gräddpotatis:**
*10—12 medelstora potatisar (ett knappt kilo)*
*6 dl vispgrädde*
*ca 1 dl hackad dill*
*1/2—1 tsk salt*

**Till garnering:**
*Citron*
*Färsk gurka*
*Dillkvistar*

**Gör så här:**
**1.** Börja med gräddpotatisen. Skala och skär potatisen i sockerbitstora tärningar. Obs! Sedan potatisen är skuren får den ej sköljas eller läggas i vatten så att stärkelsen försvinner.
**2.** Lägg tärningarna i en rymlig kastrull och fyll på med grädden så att det lagom täcker. Koka upp och koka under omrörning med en träsked eller liknande.
**3.** Sänk värmen och koka det hela sakta under fortsatt sporadisk omrörning. Koka ca 15 minuter tills potatisen är mjuk och stuvningen blivit lagom tjock. Tenderar stuvningen att bli för tjock används mjölk vid spädningen. Blir stuvningen för lös (när man använder färskpotatis), red av med 1/2—1 msk arrowrot utrört i lite kallt vatten.
**4.** Smaka av gräddpotatisen med salt samt tillsätt dillen strax före serveringen.
**5.** Hetta upp en stekpanna, helst av gjutjärn, eller elda på en het kolbrasa i grillen. Skrapa av ev dill och pepparrester från gravningen på laxbitarna.
**6.** Pensla laxbitarna mycket lätt med olja. Halstra dem sedan mycket hastigt på stark värme ca 30 sekunder på varje sida. Laxen ska ha kvar sin gravade konsistens inuti efter halstringen.
**7.** Servera laxen nyhalstrad och varm med gräddpotatisen som tillbehör. Garnera med dill, citron och färsk gurka.

### Drink

Mät upp ca 1 1/2 msk melonlikör (Midori) i ett glas. Fyll på med ett väl kylt mousserande torrt vitt vin. Tag ev ut små runda kulor ur en melonhalva med hjälp av ett kuljärn för potatis (pommes parisiennejärn). Melonköttet kan även skäras i tärningar eller bitar. Tillsätt melonköttet och krossad is i drinken, blanda om och den är klar att servera.

### Tilltugg

Skär av en färsk gurka ca 1/2 cm tjocka skivor. Placera en skalad kräftstjärt av havskräfta eller stora vanliga kräftor på varje skiva. Klicka på en liten klick majonnäs på varje kräfta. Toppa det hela med 1/2 tsk svart kaviar samt vrid en aning nymalen vitpeppar över.

# Tallrikslax med brynt smör

## MENY

*Mousserande sommarminne*
*smördegsravioli*
*Tallrikslax med brynt smör potatis*
*isbergssallat med valnötter*
*torrt vitt vin*

---

*Lagom mjuknad vaniljglass med strimlad, syltad ingefära och punsch över — eller till*
*Kaffe*

Den här huvudrätten kan verkligen skryta med att vara lättlagad. I själva verket sker tillagningen av middagens huvudnummer direkt på gästens tallrik.

Inte förrän gästerna tagit plats vid bordet, är det dags att börja tilllagningen.

Den vackra och tunt skurna laxen läggs upp på riktigt heta tallrikar och smör öses över — fisken blir då precis så nätt kokt som är allra godast när det handlar om lax av högsta kvalitet.

### Tallrikslax med brynt smör

Laxen ska vara tunnskuren och nästan täcka tallrikens yta.

Från en odlad 3-kiloslax tar man till varje person två tunna skivor som läggs ihop på tallriken. Beräkna 120—140 g lax per person till huvudrätt.

**Det här behövs för 4 pers:**
*ca 500 g laxschnitzel*
*2 tsk hackad gräslök*
*2 tsk klippt kryddkrasse*
*2 msk hackad dill*
*2 msk hackad persilja*
*150 g smör*

**Tillbehör:**
*små kokta potatisar*
*citronklyftor*

**Gör så här:**
**1.** Sätt in 4 mattallrikar i ugnen. Sätt ugnen på 75 °. (Allt porslin tål denna värme när det värms upp successivt.)
**2.** Sätt på potatisen. Lägg fram och vik upp paketet med laxskivorna.

**3.** Hacka allt det gröna ytterst fint och blanda det i en skål.
**4.** Skär upp citronen. Dela smöret i bitar, lägg fram det. Värm en stekpanna till smöret.

**Inför serveringen:**
Lägg upp potatisen, servera vinet.

Fräs smöret i het stekpanna under omrörning — dra av pannan.

Ta de heta tallrikarna ur ugnen och lägg snabbt upp laxskivorna på dem.

Lägg över en handfull grönt och ös över rikligt av det heta smöret. Servera bums!

### Valnötssallad

Bjuds vid sidan eller efter laxen.

Dela för 4 personer 1 fast litet isbergshuvud i småbitar med nyporna. Fördela bitarna på assietter.

Strö ev också ut lite rosésallat och i vart fall några skedblad hackade valnötter.

Överst droppas en dressing av 1 tsk vinäger + 4 msk olja + 1 krm salt.

### Mousserande sommarminne

Som ett minne av sommaren finns kanske i frysen lite hallon, svarta vinbär, jordgubbar eller björnbär.

Kör en handfull frysta bär till mos och lägg ett skedblad av moset i botten på höga glas. Fyll upp med skummande dryck med eller utan alkohol.

### Smördegsravioli

Lättgjort drinktilltugg som kan serveras bara med servett.

**Det här behövs för 4—5 pers:**
*4 plattor fryst smördeg*
*lite uppvispat ägg*
*ca 1/4 pkt färskost med vitlök*
*8 oliver*

**Gör så här:**
**1.** Värm ugnen till 225 °, lägg ut och tina smördegen.
**2.** Kavla ut plattorna ca en halv gång till.
**3.** Pensla två med ägg och lägg ut teskedsblad av osten samt 1/2 oliv på 8 ställen på de penslade plattorna.
**4.** Lägg över resterande smördeg, tryck till med ett knivskaft mellan kuddarna och klipp eller sporra ut ''raviolin''.
**5.** Tryck till lite extra med en gaffel, lägg på bakplåtspapper.
**6.** Pensla lätt, strö över några korn salt och grädda ca 12 min. Servera dem varma.

SILEX
SANCERRE
LES BELLES DAMES
APPELLATION SANCERRE CONTROLÉE
PÈRE & FILS

# Råbiff på varmrökt lax

## MENY

*Moules au frites*

*Råbiff på varmrökt lax, guldäggsås varmt kuvertbröd el färsk potatis*

*bigarråer, färskost Kaffe, chokladkonfekt*

*Genomgående torrt vitt vin Till Moules au frites alternativt öl*

Förstklassig varmrökt lax är utan tvekan en av de finaste råvaror man kan välja för en festmåltid. Här lägger vi upp den tufft och storsvenskt som råbiff med klassiska tillbehör och lite sås i äggskal. Vi har enbart gott, varmt kuvertbröd till, men några späda potatisar blir aldrig fel.

Moules au frites, dvs kokta musslor och pommes frites är belgarnas nationalrätt nummer ett. God och trevlig pratmat att mumsa till ett inledande glas på stående fot.

Till den här menyn, kan man ta endera torrt vitt vin eller gott öl genomgående. Vill man ha omväxling får det bli öl till musslorna och vin till laxen.

### Råbiff på varmrökt lax

En serveringsidé som passar många tillfällen och där valet av fisk bestämmer graden av lyx.

**Det här behövs för 4 pers:**
*ca 800 g varmrökt lax (eller 1 kg regnbåge, röding, sik)*
*4 msk hackad lök*
*4 msk hackad dill*
*8—12 msk hackad inlagd rödbeta*
*4 msk kapris*

**Guldäggsås:**
*2 äggulor*
*1 msk svensk senap*
*1 msk citronsaft*
*1/2 dl rumstempererad olja*
*1/2 tsk salt*
*ett par varv på pepparkvarnen*

**Till servering:**
*kuvertbröd och smör eller potatis*

**Gör så här:**
**1.** Rensa fisken från skinn och ben och fördela köttet mitt på fyra tallrikar.
**2.** Finhacka i tur och ordning lök, dill och rödbeta och lägg upp jämte kaprisen.
**3.** Dela två ägg på mitten och skilj ifrån vitorna. Spara skalen.
**4.** Blanda gulorna i en skål med senap och citron. Vispa ner tempererad olja droppvis.

Smaka av såsen med salt och peppar och fördela den i äggskalshalvorna som ställs på fisken. Ställ fram salt och peppar.

Servera varma kuvertbröd och smör eller ev nykokt färskpotatis till.

### Dessert

Mörkröda bigarråer serverade till en snövit ost av färskosttyp blir en fin avslutning till sista glaset vin.

Därefter kommer kaffet och till det kanske en liten avec och vackra bitar chokladkonfekt arrangerade på fat med tårtpapper.

### Drink och tilltugg

Moules au frites till ett glas öl.

Pommes frites finns frysta för bekväm uppvärmning i ugn.

När det gäller musslorna får man ta vad som bjuds. Kanske finns färska. I så fall ska de borstas rena för att, sedan gästerna anlänt, ångas i en bottenskyla kokande vatten tills de öppnar sig. Fem stycken per person kan räcka om de är stora. Frysta musslor med skal kokas på samma sätt — men man slipper skrubba.

Hittar man inte några av dessa blir alternativet konserverade musslor med eller utan skal som värms i sin lag, silas upp och får några varv av pepparkvarnen över sig.

COSTE
GRAND VIN SEC
1984
CHATEAU
BORDEAUX
BORDEAUX CONTROLÉE
BOUTEILLE AU CHATEAU
PRODUCE OF FRANCE
750ml
A BARSAC (GIRONDE)

# Regnbåge med löjromssås

## MENY

*Pellegrino med citronsorbet*
*Inbakade musslor*

---

*Regnbåge med löjromssås, potatis, smörsauterad gurka*
*Torrt vitt vin*

---

*Babas au rhum med vispgrädde*

Tallriksservering eller uppläggningsfat? Ibland kan det bli diskussion för och emot det ena eller det andra. Somliga har tröttnat rejält på alla artistiska tallrikar. Andra anser att omvägen om uppläggningsfatet är helt onödig. Sanningen är väl den att båda sätten har sina fördelar. Sådant som ska gratineras för flera är ju t ex självklart att lägga upp på större fat.

Den här bokens huvudrätter, som oftast är för bara 4—8 personer, passar många gånger bra för tallriksservering. Här föreslår vi att de nykokta öringarna med sås läggs upp direkt på heta mattallrikar, medan gurka, potatis och resterande sås bjuds ur skålar.

### Foliekokt regnbåge

Färsk regnbåge (forell) finns i olika storlekar, man kan alltså välja att handla efter hur stor hungern är. Fiskarna är bekvämt urtagna och helt klara för "pannan".

**Det här behövs för 4 personer:**
*4 portionsregnbågar (foreller)*
*1 1/2 tsk salt*
*1 kryddmått svartpeppar*
*ev 1 tsk fänkål*
*lite dill*
*2 msk smör*

**Gör så här:**
**1.** Skölj och torka fiskarna. Salta, peppra. Strö ev stött fänkål över, lägg en dillvippa och en smörklick i buken på varje.
**2.** Sätt ugnen på 225° och smörj ett stort folieark lagt i långpanna. Lägg

fiskarna bredvid varann. Vik över foliet och gör ett tätt paket.
**3.** Grädda i ca 20 minuter för små fiskar, något längre om de är större.

Ta ut, öppna paketet, dra bort skinnet på översidan och lägg upp direkt på heta tallrikar.

### Löjromssås

En skummig grädd- och vinsås, lätt redd av en äggula och garnerad med löjrom.

**Det här behövs för 4 personer:**
*2 dl vispgrädde*
*1/2 dl torrt vitt vin*
*1/4 fiskbuljongtärning*
*1 äggula*
*50—100 g löjrom*

**Gör så här:**
**1.** Koka upp grädde, vin och buljongtärning och reducera en aning så att smaken blir kraftig och god.
**2.** Dra pannan från värmen och vispa ner äggulan.
**3.** Häll genast över såsen i förvärmd såsskål och rör i sista minuten ner ett par matskedar löjrom. Lite rom sparas till garnering.

### Smörsauterad gurka

Skala och klyv en slanggurka. Dra ur kärnorna med en tesked. (De ska inte användas.)

Skiva gurkan tunt till små halvmånar. Fräs upp en smörklick, blanda ner och sautera gurkan en minut i egen vätska. Salta den lätt.

### Dessert

Babas au rhum på burk. Eller mandelformar med björnbär och vispad grädde. Ev också ett litet glas portvin eller sherry.

### Pellegrino med citronsorbet

En helt alkoholfri, ändå mycket spännande drink. Häll röd pellegrino (från välsorterade butiker) eller vit Sanpellegrino (från Systembolaget) över en kula citronsorbet i septsigt drinkglas.

### Inbakade musslor

bjuds nygräddade till drinken. Tina två smördegsplattor, kavla ut och skär vardera i tio rutor. Låt oljan rinna av en liten ask rökta musslor. Rulla in musslorna i degknyten som nyps ihop väl. Lägg på plåt och grädda inför serveringen i 225° ca 10 minuter.

# Smördegsinbakad regnbåge

## MENY

*Löjrom med pumpernickel*
*Torrt mousserande vin*

*Smördegsinbakad regnbåge,*
*gräddfilsås och tomatsallad*
*Torrt vitt vin*

*Ost*
*Till kaffet chokladbiskvier*

Matlagningen börjar på torget, säger Paul Bocuse, en av Frankrikes största matlagare. Vi håller med honom. Det är vad man handlar som avgör hur maten ska bli. Av förstklassiga råvaror kan man laga förstklassig mat.

### Smördegsinbakad regnbåge

Varmrökt regnbåge, öring, lax eller sik på saftig bädd under frasigt hölje. Bjuden med sås och sallad.

**Det här behövs för 4 personer:**
*1 pkt fryst smördeg*
*1 ägg*
*1 påse flagad mandel, 50 g*

**Fyllningen:**
*1 pkt bladspenat*
*2 msk smör + 1/2 dl vatten*
*2 schalottenlökar*
*1/2 tsk salt*
*800 g—1 kilo varmrökt regnbåge, röding el dyl*

**Gör så här:**
**1.** Tag fram och tina smördegsplattorna. Värm ugnen till 225°.
**2.** Lägg den frysta spenaten i en kastrull med smör, vatten och hackad lök. Låt puttra sakta under lock tills spenaten tinat.

**3.** Rensa under tiden fisken i skinn- och benfria bitar.
**4.** Kavla ut två av smördegsplattorna (lägg dem efter varann litet omlott) så att en fisk, lång som ugnsplåten, kan sporras ut. Limma skarven med ägg. För över degfisken på plåt, ev med bakpapper. Kavla ut ytterligare två degplattor lika stort, men sporra inte ut dem ännu. Ur den återstående outkavlade smördegen tas ett litet stim småfisk som gräddas samtidigt.
**5.** Salta spenaten, krama ur den helt lätt och bred ut över smördegsfisken på plåten. Lämna en fri degrand runt om.
**6.** Lägg den väl rensade fisken över spenaten. Pensla degkanten med ägg och lägg över det stora degsjoket som därefter skärs till.
**7.** Tryck till runt om. Pensla med ägg, strö över mandel och grädda i nedre delen av ugnen ca 20 minuter.

Sås och sallad görs medan fisken gräddas.

### Gräddfilsås

*3 dl gräddfil*
*1 ask klippt kryddkrasse*
*1 tsk salt*
Blanda och smaka av.

### Tomatsallad

En skål härlig tomatsallad kompletterar smördegsfisken fint. 4 bifftomater, el 8 vanliga, 1/2 fänkål. Lite fransk dressing med vitlök. Skiva tomaterna, tunnhyvla fänkålen. Fukta med dressing.

### Drink

Det festligaste och mest spektakulära man kan välja som drink är väl en flaska champagne eller ett gott mousserande vin. Vad annat kan så tydligt tala om att — nu börjar festen! En flaska räcker för fyra till sex personer. Cider är det nästan alkoholfria alternativet. Ur en skål med löj- eller sikrom får var och en förse sig. Med tesked rågas små bitar av riktigt mörkt fullkornsbröd, eller pumpernickel.

# Rödtungsfiléer med sauternessås

Den kanske viktigaste ingrediensen i en snabblagad meny är några minuters planering. Läs igenom menyn och recepten så att du kommer i gång med rätt saker i rätt tid. Att samla råvaror och redskap omkring sig är en bra början.

I den här menyn hinner du göra sauternessåsen och kanske förbereda fisken medan potatisen kokar. Sedan gör du moset och topparna, som sedan gratineras samtidigt som fisken pocheras.

Kexen till drinken får man sticka emellan med när huvudrätten börjar ta form, så att avocadomoset håller färgen. Efterrätten kan vara en färdigköpt citronsorbet som står klar i frysen. Garnera gärna med färska jordgubbar.

## MENY

*Drink Sköna Helena med avocadokex*

*Rödtungsfiléer med sauternessås och Pommes duchesse-toppar*
*Vitt vin*

*Citronsorbet med färska jordgubbar och knäckflarn*

### Rödtungsfilé

Sauternes är ett sött vitt lättvin, som här får ge karaktär åt såsen. Ihop med crème fraiche får du en väl avvägd balans mellan sötma och syra. Såsen är dessutom snabblagad.

**Det här behövs för 4 pers:**
*600 g skinn- och benfria rödtungsfiléer eller 2 hela fiskar, ca 1,2 kilo*
*1 tsk salt*
*saften av 1/2 citron*

**Sauternessåsen:**
*1 + 1 msk smör*
*2 msk finhackad gul lök eller schalottenlök*
*1 1/2 dl + 1—2 msk sauternesvin*
*1 fiskbuljongtärning*
*2 dl crème fraiche*
*ev en aning cayennepeppar*

**Pommes duchesse-toppar:**
*8—10 potatisar*
*2—3 msk smör*
*2—3 äggulor*
*ca 1 tsk salt*
*nymalen vitpeppar*

**Garnering:**
*1 carambolafrukt i skivor eller skalade urkärnade vindruvor*

**Gör så här:**
**1.** Börja med pommes duchessen. Skala och dela potatisen. Koka den mjuk. Slå av vattnet och pressa potatisen. Arbeta in smör och äggulor samt smaka av med salt och en aning nymalen vitpeppar.
**2.** Sätt ugnen på 250 °. Spritsa moset till 16 små toppar på en smord plåt. Grädda topparna i ugnen 8—10 minuter samtidigt som fiskfiléerna pocheras.
**3. Sauternessåsen:**
Fräs den hackade löken 1—2 minuter i ca 1 msk smör utan att den får färg. Tillsätt 1 1/2 dl vin och fiskbuljongtärning och låt koka ett par minuter. Vispa i crème fraichen och koka ytterligare 2—3 minuter.
**4.** Sila såsen, vispa i ca 1 msk smör samt 1—2 msk vin. Smaka av med några korn salt samt ev en dunst cayennepeppar.
**5.** Dela fiskfiléerna i 16 lika stora bitar och lägg dem i en låg vid panna med lock. Tillsätt ca 1 tsk salt och saften av en 1/2 citron. Fyll på vatten så att det knappt täcker filéerna. Koka upp det hela och låt filéerna sjuda mycket sakta 5—6 min under lock.
**6.** Fördela de nypocherade avrunna filéerna tillsammans med potatistopparna på heta tallrikar. Slå såsen över och runt fiskfiléerna och garnera. Servera omgående.

### Sköna Helena

Mät upp 2—3 msk Peter Heeringlikör i ett högt glas. Droppa ev i ett par droppar citronsaft. Fyll glaset med halvtorrt eller torrt vitt mousserande vin. Garnera ev med en mycket tunn skiva citron.

### Tilltugg

Gör tilltuggen strax före serveringen så att avocadomoset ej tappar i färg. Dela och skrapa ur köttet på en mogen avocado, ca 165 g. Pressa köttet genom en fin sil. Smaksätt med 1 krm curry, 1 krm örtsalt samt 2—3 krm citronsaft.

Lägg ut 12 små salta kex. Gör en strut av ett dubbelvikt smörpapper. Se till att det blir ett litet hål i botten av struten samt fäst ihop den med tejp. Spritsa avocadomoset i små toppar på kexen. Krydda slutligen med citronpeppar och de är klara för servering.

# Fiskfilé Javanaise

## MENY

*Martini Bianco med gorgonzolafyllda oliver*

*Fiskfilé Javanaise med buljongkokt ärtris*
*Vitt vin*

*Citronsorbet*

I många recept kan smör ersättas med margarin. Men när det gäller stekning av fisk tycker vi det är en klar fördel rent smakmässigt att använda smör.

I det här receptet ska fisken först stekas i smör, och sedan tillsätts ytterligare en liten smörklick att fräsa upp garnityret i. Det hela slås över fiskfilén och du får med mycket av den goda steksmaken från panna.

Vad som krävs av dig är en försiktig och skonsam stekning i lagom mycket smör som ej får bli bränt.

Som efterrätt föreslår vi en citronsorbet som finns att köpa färdig. Servera gärna i höga glas och garnera ev med finstrimlade citronskal. Skala då av det yttersta gula skalet på en citron med potatisskalare. Skär sedan skalet i mycket fina strimlor. Koka strimlorna i ca 1 dl vatten tillsammans med 2—3 msk socker 3—4 minuter. Låt skalstrimlorna kallna i sin lag och rinna av en aning innan de används till garnering.

### Fiskfilén

Det här är en fiskrätt där du kan välja fisksort efter tillgång och pris. Försök i första hand att få tag på färsk fisk samt be att få den filead och skinnad i affären. Förslagslistan på fiskar kan göras lång — här följer några stycken: gädda, gös, torsk, kolja, hälleflundra, rödtunga, slätvar, piggvar och marulk.

**Det här behövs för 4 pers:**
*600 g skinn- och benfri fiskfilé*
*2—3 knölar syltad ingefära*
*4 ringar ananas*

*3—4 msk smör till stekning*

**Till panering och kryddning:**
*1/2 dl vetemjöl*
*2 tsk salt*
*1 1/2 tsk ingefärspulver*

**Tillbehör**
*Buljongkokt ris med lök och gröna ärter*

**Gör så här:**

**1.** Börja med riset: Koka 4 portioner ris med en grönsaksbuljongtärning och ca 1 dl finhackad lök. När riset nästan är färdigt blandas 250 g gröna ärter i för uppvärmning. Runda slutligen av riset med 1—2 msk smör samt smaka av med några korn salt om det behövs.

**2.** Skär den syltade ingefäran i fina strimlor samt dela ananasen i mindre bitar. Blanda mjölet till paneringen med kryddorna.

**3.** Hetta upp en stor stekpanna. Vänd under tiden fiskfiléerna i kryddmjölet. Lägg 2—3 msk smör i pannan och låt det bli lätt brynt. Ett bra tecken på när det är dags att lägga i fisken är när smöret "tystnat", dvs när det slutar fräsa i pannan.

**4.** Stek filéerna på ej för stark värme 2—4 minuter på varje sida beroende på fisksort och tjocklek. Lägg upp filéerna på heta tallrikar eller fat. Tillsätt 1—2 msk smör i samma panna som fisken stekts i och fräs ananasen och ingefärsstrimlorna hastigt någon knapp minut. Fördela fräset över fiskfiléerna, bjud ärtriset till och servera omgående.

### Drink Martini Bianco

Martini Bianco är en vit söt martini som bör serveras väl kyld, gärna med en isbit i. Den kan också gärna stramas till en aning med några droppar citronsaft. Låt även en tunn citron- eller limeskiva följa med i glaset vid serveringen.

Martini kommer från Italien och det finns förutom den vita söta även en röd söt samt en extra dry (torr).

Som tilltugg föreslår vi urkärnade oliver som du fyller med en stark grönmögelost. Välj gärna en stark gorgonzola eller en motsvarande ädelsost. Packa hålet där kärnan suttit med ost så att oliven blir väl fylld. Beräkna 4—6 oliver per person.

# Slätvarsfilé i cidersås

I matstaden Bryssel, kallad Europas mage, är det aldrig långt till krogen. I själva citykärnan runt Grand Place finns allt från den enkla kvarterskrogen till stjärnbeströdda skapelser.

En av många utsökta fiskrestauranger heter L'Écailler du Palais Royal. Den har fått två stjärnor i guide Michelin vilket bland annat innebär att man alltid bör ringa och beställa bord i förväg.

Här kan man t ex äta färsk sparris med två såser som förrätt, slätvarsfilé i cidersås som huvudrätt samt kaffe och små delikata bakverk som avslutning.

I receptet på slätvaren i cidersås ingår det bl a både äpple och äppelcider. Det är viktigt för slutresultatet att du använder en äppelsort som har både sötma och syra samt en "blommig" smak.

## MENY

*Äppeldrink med chips och ishavsdipp*

---

*Slätvarsfilé i cidersås med kokt potatis*
*Vitt vin*

---

*Hallonsorbet med ginstänk*

### Slätvarsfilé

Till det här receptet kan du givetvis lika gärna använda piggvar. Skillnaden mellan de båda fiskarna är att piggvaren har ett fastare kött än slätvaren och därmed kräver några minuters längre pochering. Piggvar fångad i västerhavet är en av våra finaste och därmed också dyraste fiskar. Men man kan även få tag i mindre Östersjöpiggvar för nästan halva priset.

**Det här behövs för 4 pers:**
*ca 2 msk finhackad schalottenlök eller gul lök*
*600 g slät- eller piggvarsfilé*
*ca 1 msk citronsaft*
*2 fasta tomater*
*1 stort äpple med sötsyrlig "blommig" smak typ Oranie, Astrakan, eller Cox Orange*
*ca 1/2 dl grovhackad gräslök*
*2 dl halvtorr äppelcider (Systemets Ecusson eller Grand cider)*
*1 1/2 fiskbuljongtärning*
*2 dl crème fraiche*
*ca 1 msk smör + ev salt*

**Tillbehör**
*Små nykokta potatisar eller kokt pressad potatis alternativt kokt ris för 4 pers*

**Gör så här:**
**1.** Bottna en låg vid panna med lock med den finhackade löken. Lägg på fiskfiléerna och droppa över ca 1 msk citronsaft.
**2.** Kryssa skalet på tomaterna och doppa dem ett ögonblick i kokande vatten. Drag sedan av skalet och skär tomaterna i klyftor. Tag bort kärnorna och skär tomatköttet i tärningar.
**3.** Skala och kärna ur äpplet och skär det i tärningar. Droppa en aning citronsaft över äpplet så att det inte mörknar. Hacka gräslöken. Slå cidern över fiskfiléerna och smula i fiskbuljongtärningarna.
**4.** Koka upp det hela och sjud fisken sakta under lock 4—5 minuter (något längre tid för piggvar). Låt äpple- och tomattärningarna ånga med ovanpå fiskfiléerna de sista 1—2 min.
**5.** Lyft över fisken med äpplet och tomaten till heta tallrikar och täck med folie.
**6.** Sila ciderbuljongen och koka ihop den till ca 1 dl. Tillsätt crème fraichen och koka ytterligare några minuter. Smaka av såsen med ett par korn salt om det behövs samt ytterligare 1—2 msk cider. Vispa slutligen i ca 1 msk kallt smör. Fördela såsen över fiskfiléerna och strö gräslöken över det hela. Servera omgående med ris eller potatis till.

### Äppeldrink

Mät upp 3 cl gin och 3 cl drickfärdig apelsinjuice i ett glas. Lägg i en stor iskub. Fyll på med 1—1,5 dl väl kyld äppelcider samt dekorera glaset med en tunn urkärnad äppelskiva.

### Ishavsdipp och chips

Blanda 3 dl gräddfil med 1 burk ishavsrom (60 g). Smaka av dippen med 1—2 tsk finriven gul lök. Vrid även ett par varv på vitpepparkvarnen. Servera dippen med potatischips utan extra smaksättning.

### Hallonsorbet med gin

Hallonsorbet köper man färdig eller kör 1 liter frysta hallon tillsammans med 2 matskedar florsocker och två matskedar vatten i en foodprocessor. Skeda upp sorbeten och stänk några droppar gin över.

L'ÉCAILLER DU PALAIS
1985
CLOS JOANNE D'ORION
Pouilly-Fumé
Appellation Pouilly-Fumé Contrôlée
Gitton Père & Fils
Propriétaires-Récoltants à Pouilly-sur-Loire, France
MIS EN BOUTEILLE A LA PROPRIÉTÉ
PRODUIT FRANÇAIS

# Hälleflundra på spett med vermouth- och ärtpurésås

Här får du en fiskrätt med ett visst nytänkande som så småningom kanske blir åttiotalets klassiker.

Vad är då det nya med den här anrättningen? Jo, här varken steks eller kokas fisken, utan bara lagom genomhettas så att fiskköttet ''stannar'' i en ej för varm ugn. Alltså inget onödigt stekfett eller urkokt fiskkött som tappar i smak.

För att detta ska fungera väl bör fisken i första hand vara färsk och helst inte i för tjocka bitar. Det finns en viss risk att ytan blir uttorkad ifall ugnstiden blir för lång. Denna metod blir speciellt lyckad med fiskar som har en viss fetthalt, typ laxfiskar eller hälleflundra.

Även såsen till det här fiskspettet bryter det traditionella vitvinssåsmönstret. Den bygger nämligen mest på buljong och vin samt någon puread grönsak och förhållandevis lite grädde eller crème fraiche. Allt körs efter ett par minuters kokning i en mixer eller food processor.

### Hälleflundra

Om du inte hittar hälleflundra i din fiskbutik kan du alltid ersätta den med lax. Vill du prova en variant så lagar du den här rätten med marulk, som även säljs under namnet kotlettfisk.

**Det här behövs för 4 personer:**
*600 g benfri hälleflundra,*
*lax eller marulk*
*1 citron*
*ca 1/2 tsk citronpeppar*
*ca 1 tsk salt*
*4 grillspett*
*1—2 msk matolja*

**Ärtpurésås:**
*125 g frysta gröna ärter*
*1 dl torr vermouth*
*1 fiskbuljongtärning + 1 1/2 dl vatten*
*ca 1 dl crème fraiche*
*ev salt*
*1—2 msk smör*

**Tillbehör:**
*ca 400 oskalade räkor till garnering*
*4 portioner kokt ris*

**Gör så här:**

**1.** Koka riset enligt förpackningens anvisningar och sätt ugnen på 200 °. Skär fisken i kuber och varva dem på spetten med små tunna citronskivor mellan. Skala räkorna.

**2.** Koka ärterna tillsammans med vermouth, vatten och fiskbuljongtärningen i ca 2 minuter. Lägg allt i en mixer eller food processor och kör till en slät sås.

**3.** Tillsätt crème fraichen och kör ytterligare någon minut. Sila och passera såsen genom finmaskigt durkslag tillbaka till kastrullen för smaksättning och upphettning.

**4.** Smaka av såsen med någon msk vermouth och ev salt om det behövs, samt avrunda med att vispa i en klick kallt smör. Krydda spetten med salt och citronpeppar.

**5.** Lägg spetten på lätt oljepenslad folie på en långpanna och pensla spetten lätt ovanpå. Ställ långpannan i mitten av ugnen 8—10 minuter. Lägg upp spetten på risbädd på heta tallrikar och fördela den heta såsen omkring. Garnera med räkorna och servera omgående.

## MENY

*Whiskydrink med varma valnötter*

---

*Hälleflundra på spett med vermouth- och ärtpurésås samt kokt ris*
*Vitt vin*

---

*Gorgonzolagratinerat päron*
*Rött portvin*

### Gorgonzolagratinerat päron

Dela och kärna ur två mogna päron. Skär av en liten skiva i botten på varje halva så att halvorna står jämnt och stadigt. Täck varje päronhalva med en ca 1 cm tjock skiva gorgonzolaost. Strö över lite hackade hasselnötter och ställ päronhalvorna i en ugnssäker form. Grädda i 225 ° ugn 6—10 minuter tills päronen känns mjuka och osten smält ordentligt. Tiden i ugnen kan variera efter päronens mognadsgrad. Försök att få tag på väl mogna päron. Servera päronen varma.

### Whiskydrink

Mät upp 2—3 cl whisky i ett glas. Lägg i en iskub. Fyll på med ca 1 dl ginger ale. Garnera glaset med en tunn skiva citron eller lime.

### Tilltugg: varma valnötter

Hetta upp 1 1/2 msk olivolja eller matolja i en stor stekpanna. Lägg i ca 100 g valnötskärnor och bryn dem lätt under ständig omrörning några minuter. Låt valnötskärnorna rinna av på dubbelvikt hushållspapper. Salta nötterna efter smak och servera dem varma i en skål som tilltugg till drinken.

# Stekt gösfilé med broccolisås

## MENY

*Lätt gindrink med lingon*
*Små salta kex med rosépepparpastej*

*Stekt gösfilé med broccolisås och kokt pressad potatis*
*Vitt vin*
*Glass med varma hjortron*
*Vitt portvin*

I den här menyn presenterar vi stekt fisk, tonvikten är lagd på såsen.

Den är både snabb och spännande och du får här lära dig grundprincipen för tillagning av den här såstypen. Sedan kan du med egen fantasi variera grönsaker och vin som du vill.

Prova till exempel gröna ärter och torr vermouth eller varför inte färsk gurka, gräslök, krasse och dill tillsammans med ett torrt vitt vin.

Ett krav är dock att du har tillgång till en mixer eller en food processor. Har du inte det får du koka grönsakerna ett par minuter extra och sedan passera dem genom en finmaskig nätsil med hjälp av en träslev. Detta moment tar givetvis lite längre tid men går också bra.

Slutresultatet blir detsamma: vindoftande, lindblomsgrön, lätt och krämig sås som passar utmärkt till den smörstekta fisken.

### Gösfilé

Gös är en mycket bra höst- och vinterfisk som även säljs i färska filéer. Såsen som kokas helt för sig kan givetvis serveras till de flesta fiskar. Köp alltså den fisk du kan få tag på, men välj helst en filé av färsk fisk.

**Det här behövs för 4 pers:**
*600 g gösfilé*
*1 tsk salt*
*ca 2 msk smör till stekning*

**Sås:**
*1/2 pkt broccoli, 125 g*
*1 liten knippa gräslök eller 1/2 gul lök*
*1 dl torr sherry*
*1 fiskbuljongtärning + 1 dl vatten*
*1 1/2 dl crème fraiche eller vispgrädde*
*ca 2 msk smör*
*ev salt*

**Tillbehör:**
*kokt pressad potatis*
*lättkokta morotsstrimlor i smör*

**Gör så här:**

**1.** Börja med att skala och koka potatisen. Gör även i ordning morotsstrimlorna genom att med en potatisskalare göra långa strimlor på längden av en stor morot. Koka sedan strimlorna lätt med några msk vatten och ett par klickar smör 2—3 minuter.

**2. Broccolisås:** Skär broccolin och löken i bitar och koka upp tillsammans med vin, vatten och fiskbuljongtärningen. Låt koka 2—3 minuter. Kör sedan det hela i en food processor eller mixer till en slät puré. Slå purén tillbaka i en kastrull och koka upp tillsammans med crème fraiche eller grädde. Smaka av med salt och ev 2 msk sherry samt vispa i ca 2 msk kallt smör.

**3.** Hetta upp en stor stekpanna och låt smöret bli nötbrunt. Salta och stek gösfiléerna i pannan 3—4 minuter på varje sida. Lägg upp filéerna på heta tallrikar. Slå såsen omkring och garnera med morotsstrimlorna. Servera nykokt pressad potatis som tillbehör.

### Lätt gindrink

Mät upp 2 msk gin och 2 msk outspädd lingondryck i ett glas. Lägg i en isbit samt fyll på med kylskåpskallt mousserande bordsvatten 1—1 1/2 dl.

### Tilltugg

Mjukrör ca 100 g bakad leverpastej med 1—2 msk grädde eller crème fraiche. Smaksätt med ca 1/2 msk finkrossad rosépeppar. Bred pastejen på små salta kex och dekorera med tunna skivor av små inlagda gurkor.

Le Cardinal
BORDEAUX

# Gösfilé med två såser

## MENY

*Ostron (porter)*

*Gösfilé med två såser och kokt ris*
*Vitt vin*

*Kaffe och chokladtårta*

Tanken bakom den här menyn, en nästan genomgående marin komposition, är att utnyttja vintersäsongens tillgång på färska ostron. Tänk på att ostronen ska öppnas så sent som möjligt, alltså i direkt anslutning till måltiden.

Här krävs en ostronkniv och en handduk. Man börjar med att borsta ostronen hastigt under rinnande kallt vatten. Ta sedan ett ostron i ena handen med handduken emellan. Se till att den kupiga skalhalvan kommer nedåt och att den spetsiga delen pekar ifrån dig. Pressa försiktigt in kniven mellan skalhalvorna vid spetsen. För in kniven tätt utmed undersidan på det övre platta skalet tills muskeln, som håller samman skalen, är helt avskuren.

Ta bort den övre skalhalvan och kontrollera att ostronen är friska och vid gott liv genom att droppa lite citronsaft på kransen som omger själva ostronet. Drar ostronet samman kransen en aning och har det en fräsch doft av salt hav — då är allt i sin ordning. När sedan ostronet ska avnjutas tas kransen bort och själva ostronet lossas från sin undre skalhalva med hjälp av en kniv eller ostrongaffel. Bjud sval skummig porter till eller varför inte champagne.

### Gösfilé

Gösen är som så många andra fiskar bäst under hösten och vinterhalvåret. Den är egentligen en sötvattensfisk men förekommer också runt våra kuster i mer eller mindre salt vatten. Gösen är en mager fisk — därför kostar vi här på oss en liten krämigare såsvariant som tillbehör.

**Det här behövs för 4 pers:**
*600 g skinn- och benfri gösfilé*
*1 tsk salt*
*1/2 tsk citronpeppar*
*1/2 dl vetemjöl till panering*
*ca 2 msk smör till stekning*

**Röd sås:**
*2 1/2 dl tomatjuice*
*1/2 grönsaksbuljongtärning*
*1 pressad liten vitlöksklyfta*
*1/2 tsk salt*
*1—3 stänk tabasco*
*1 msk smör*

**Grön sås:**
*2 dl crème fraiche*
*1/2 grönsaksbuljongtärning*
*1/2 tsk salt*
*ca 1 dl hackad spenat (med sin saft)*
*1/2 dl sherry*

**Tillbehör:**
*Kokt ris blandat med 1—1 1/2 dl riven ost*
*citronklyftor*

**Gör så här:**

**1.** Börja med att koka riset i lätt saltat vatten (en del ris, två delar vatten) i ca 20 minuter. Blanda därefter i den rivna osten.

**2.** Gör under tiden såserna.

**Röd sås:** Koka upp juicen och smula i buljongtärningen. Smaksätt med vitlök, salt och ett par stänk tabasco. Avsluta såsen med att vispa i ca 1 msk kallt smör.

**2. Grön sås:** Koka upp crème fraichen och smula i buljongtärningen. Tillsätt spenaten och smaksätt med salt och sherry. Koka upp och låt såsen koka högst en minut.

**4.** Hetta upp en stor stekpanna. Skär under tiden gösen diagonalt i breda remsor. Blanda mjölet med kryddorna och vänd fisken däri.

**5.** Stek filéerna lätt gyllengula i smöret 1—2 minuter på varje sida. Packa ostriset i med olja eller smör väl smorda kaffekoppar.

**6.** Stjälp upp riset på heta tallrikar och lägg ut fyra gösfiléer på varje tallrik så att det bildas fyra fack.

Fördela såserna i facken och garnera med små tunna citronklyftor. Servera gösen omgående och bjud ett svalt vitt vin till.

# Pernodflamberad rosépeppartorsk med fänkål

## MENY

*Noilly Prat med is och lime samt varma nyrostade salta mandlar*

---

*Pernodflamberad rosépeppartorsk med färsk citronkokt fänkål*
*Vitt vin*

---

*Grand Dessert*

Här bjuder vi på pernodflamberad torsk där själva flamberingen blir ett litet skådespel inför gästerna. Pernod dricks i Frankrike ofta som aperitif utblandad med litet vatten. Vi använder den till flambering. Med sin fina anisarom passar pernod utmärkt till både rosépepparn och fänkålen. Pernod finns på Systembolaget i 50 cl flaskor.

---

### Flamberad torsk

Den flamberade fisken går snabbt att laga. Ett tips: Plocka fram och samla alla ingredienser och redskap runt spisen innan du startar. Glöm inte tändstickorna till flamberingen och framför allt inte att lyfta undan pannan från spisfläkten när du tänder på.

**Det här behövs för 4 pers:**
*4 portionsskivor av stor torsk*
*1—1 1/2 tsk salt*
*2 msk rosépeppar*
*5 cl pernod eller whisky*
*1 1/2 dl torrt vitt vin*
*1/2 fiskbuljongtärning*
*1 + 5 msk rumstempererat smör*

**Tillbehör:**
*2 stånd färsk fänkål*
*1 citron*
*kuvertbröd*

**Gör så här:**
**1.** Börja med fänkålen. Dela den på längden och lägg i panna. Pressa över saften av en citron och tillsätt 2 tsk salt. Fyll på med vatten så det lagom täcker. Koka upp under lock och koka sakta 6—8 minuter tills fänkålen börjar mjukna men ändå har spänsten i behåll. Värm 4 tallrikar.

**2.** Hetta upp en stor vid panna. Krydda torsken med krossad rosépeppar och salt. Lägg 1 msk smör i pannan och låt det bli väl brynt. Lägg i torskskivorna och bryn dem hastigt några sekunder på varje sida så att pepparn kommer i kontakt med det brynta smöret.
**3.** Lyft pannan bort från spisfläkten, slå över pernod och tänd på, omedelbart. Tillsätt vinet och fiskbuljongtärningen, täck med lock eller folie. Låt fisken pochera sakta 5—6 minuter beroende på skivornas tjocklek.
**4.** Lägg upp fisken på heta tallrikar. Koka hastigt ihop fiskbuljongen på stark värme. Tag pannan från värmen och vispa i 4—6 msk smör i klickar. Fördela såsen över torskskivorna och lägg upp den nykokta fänkålen på tallrikarna tillsammans med fisken. Bjud genast till bords, servera sprödvärmda kuvertbröd till.

### En grand dessert

föreslår vi till finalen. Den kan komponeras efter tillgång, egen smak och fantasi. Den kan bestå av en tallrik med t ex färsk skivad kiwifrukt med hallonsås (frysta passerade hallon) exotiska frukter som mango, passionsfrukt, färska fikon eller dadlar. En sked melonglass samt en sorbet känns alltid friskt. En liten strimma chokladtårta och en vacker jordgubbe eller en bit färsk ananas passar också.

### Drink

Mät upp torr vermouth (gärna Noilly Prat) och tillsätt en rejäl isbit. Strama till det hela med en klyfta lime eller citron och bjud varma salta mandlar till.

### Salta mandlar

Vanlig sötmandel läggs i kokande vatten ett par ögonblick varefter de spolas i kallt vatten. Skalen går då lätt att ta av. Torka mandlarna och rosta dem i en torr stekpanna på spisen under ständig omrörning. Det går också att rosta mandeln på en plåt i ugnen, men även den metoden kräver passning. Så här långt kan man förbereda. Vid serveringen värmer du mandlarna i pannan och tillsätter salt efter smak samt serverar dem omgående tillsammans med drinken.

1982
CUVÉE SPÉCIALE
75 cl
PRODUCE OF FRANCE
12°5
Montagny
PREMIER CRU
APPELLATION MONTAGNY CONTROLÉE
MISE EN BOUTEILLE A LA PROPRIÉTÉ

# Vinstuvad lake med pressad potatis

## MENY

*Färska ostron och porter*

---

*Vinstuvad lake med pressad potatis*
*Torrt vitt vin*

---

*Stiltonost och rött portvin*

---

*Äpplen med kanelglass*

En meny med elegans, trots att råvarorna prismässigt håller sig en bit under det vi är vana att förknippa med begreppet lyx.

Man kan nästan påstå att hela måltiden har karaktär av husmanskost alltifrån inledningen med ostron och porter, via den stuvade laken, till avslutningen med grönmögelost och äppelefterrätt.

Laken är en typisk säsongsfisk, som man ska passa på att prova på vintern när vattnet är kallt. Men kanske finns den ändå inte att få tag på överallt. Gör då det goda lättlagade receptet med kotlettfisk eller stenbit i stället, det är ett par fiskar som också har fast, skivigt kött.

---

### Vinstuvad lake

Ett gott och lätt sätt att tillreda denna svenska vinterklassiker

**Det här behövs för 4 personer:**
*1 lake på 1—1 1/2 kilo, rensad, flådd, rommen vid sidan (eller kotlettfisk eller stenbit)*
*1 tsk salt*
*2 morötter*
*100 g färska champinjoner*
*3/4 purjolök*
*2 dl torrt vitt vin*
*2 dl vatten*
*1/2 fiskbuljongtärning*
*1 msk citronsaft*
*2 persiljekvistar*
*2 dl crème fraiche*
*2 msk smör*

**Tillbehör:**
*Kokt pressad potatis*

**Gör så här:**
**1.** Skär fisken i 4—6 cm breda skivor, salta dem.
**2.** Skala och skär moroten i strimlor, purjolöken i bitar, borsta av champinjonerna.
**3.** Skala och koka potatis för sig.
**4.** Koka upp vin, vatten, buljongtärning, citron och persilja i en vid kastrull.
**5.** Lägg ner både fisk, morötter och svamp i buljongen. Sjud under lock 10—15 minuter. Mot slutet läggs purjolök och ev rom med.
**6.** Ta upp fisk och grönsaker med hålslev och lägg det på varmt fat, som täcks över och varmhålls i ugn (ihop med tallrikarna!).
**7.** Koka ihop buljongen något över livlig värme. Vispa ner crème fraiche. Koka upp och smaksätt med salt och peppar.
**8.** Vispa ner en smörklick och sila såsen över fisken på fatet. Klipp över persilja och servera pressad potatis till.

### Till att börja med

Att inleda en måltid med ett eller flera färska ostron är alltid lite extra spännande.

Porter är lika klassisk dryck till ostron som champagne, i det här fallet passar faktiskt porter bäst.

Svart sammet — Black Velvet — kallas en blandning av porter och champagne som man brukar tala om just till ostron.

Den kan vara roligt att känna till, men i sanningens namn bara just det.

### Att avsluta med

En bit kraftfull grönmögelost, som engelsk stilton, och ett enda litet glas portvin kommer att bli mycket uppskattad avrundning efter fiskrätten. Vill man sedan ändå ha en dessert så varför inte en med äpplen.

Skala och skiva goda äpplen i en liten smord form, sockra och lägg över några smörklickar innan formen sätts in en kvart i medelvarm ugn. Bjud äpplena varma till mjuknad, kanelpudrad glass.

# Rökt ål i bästa sällskap

## MENY

*Sherrycobbler*
*Färska grönsaker, nötter, ev dip*

*Rökt ål med äggröra, ljum spenatsallad med kantareller, brödsnibbar*

*Öl och brännvin — gärna kryddat med johannesört*
*Jordgubbar med avocadosallad*

Följ årstiderna och utnyttja varje råvara när den nått sin maximala kvalitet!

I augusti är ålen som allra bäst i svenska vatten, fullmatad och fet inför sin krävande vandring till Sargassohavet. Vill man därför kosta på sig denna verkliga delikatess, är det lämplig tid.

Kring vackra skivor rundrökt ål grupperar vi tillbehör, som också de hör säsongen till.

### Äggröra

En äggröra gör man på fem minuter. Men — det ska vara de fem som omedelbart föregår serveringen.

**Det här behövs för 4 pers:**
*10 ägg*
*4 msk grädde eller vatten*
*3 msk smör*
*1/2 tsk salt*
*nymalen peppar från kvarn*

**Gör så här:**
**1.** Vispa äggen lätt tillsammans med grädde eller vatten.
**2.** Smält hälften av smöret i teflon- eller rostfri panna över svag värme. Häll ner äggsmeten och börja genast röra den med en tvär träsked och med lugna tag utmed pannans botten.
**3.** Dra pannan från värmen när äggröran har löst krämig och storkornig konsistens. Smaksätt med salt och peppar, rör ner resten av smöret och servera genast.

### Ljum spenatsallad med kantareller

**Det här behövs för 4 pers:**
*det späda från 2 stånd spenat (ca 1/2 liter)*
*ca 1/2 liter färska kantareller*
*3 msk smör*
*1/2—1 tsk salt*
*1/2 msk vinäger*

**Gör så här:**
**1.** Skölj och torka spenaten. Riv den i mindre bitar och lägg i en serveringsskål.
**2.** Smörfräs kantarellerna tills de börjar få färg. Salta dem rätt så rikligt.
**3.** Stänk vinäger över salladen. Vänd ner den varma, ev uppvärmda svampen i spenaten och servera genast.

### Rostade brödsnibbar

Smöra tunnskuret bröd rikligt med mjukt smör på ena sidan. Skär ut kantfria trianglar och lägg ut dessa på plåt. Rosta dem inför serveringen några minuter högst upp i 250 ° het ugn, eller under ugnens grillelement under uppsikt.

### Hyperikum i snapsen

De sommardoftande, rosafärgade droppar vi smaksätter brännvinet med kommer från johannesörtens gula blommor (Hyperikum). Först har vi torkat blommorna, sedan stoppat dem på flaska och hällt okryddat brännvin över. Efter 4—5 dagar är essensen färdig att filtrera genom kaffefilter.

### Dessert

**Jordgubbar med avocadosallad**

**Det här behövs för 4 pers:**
*2 mogna avocado*
*saften av 1 citron*
*1/2 dl socker*
*1/2 l jordgubbar, ev frysta skivade*

**Gör så här:**
**1.** Klyv och kärna ur avodacon. Dra av skalet och skär den i sockerbitsstora tärningar.
**2.** Lägg avocadon i en skål, pressa över citronen, sockra och låt stå tills det är dags för servering.
**3.** Skiva och lägg ut jordgubbarna över 4 portionsassietter. Fördela avocadosalladen och garnera ev med mynta eller vinbärsblad.

### Drink

Svalkande sherrycobbler. Blanda 2 1/2 dl sherry, torr eller halvtorr, krossad is och 1/2 skivad apelsin i en cocktailshaker.

Skaka väl och servera genast ur rundat vinglas garnerat med halv apelsinskiva.

All Malt
ROYAL
Gourmet Beer
All Malt
ROYAL
Gourmet Beer

# Glödhalstrade sotare med örtsås

Några kanske lyfter förvånat på ögonbrynen när de hittar strömming under rubriken ”60 minuters gourmet”. Men strömming kan mycket väl lyftas upp till gourmetnivå om den får den rätta inramningen. Förutom att den är snabblagad, får den enligt vår mening lite av sin gourmetkryddning genom den tuffa halstringen. Det blir en fin smakbrytning av träkolet i kombination med en lätt röksmak.

Strömmingen ska vara så färsk som möjligt om den ska få spela huvudrollen i 60-minutersdramat. När det gäller sotare, är det också en fördel om man kan välja ut så stora fiskar som möjligt. De hinner då få sin rätta mörka, sotiga färg utan att bli överstekta. Att sotarna ska serveras absolut nyhalstrade behöver kanske inte påpekas.

Som avslutning på denna sommarmiddag passar det utmärkt med säsongens bär. För de flesta innebär detta färska jordgubbar, hallon eller blåbär. Bjud lättvispad grädde eller vanlig mjölk till — om du inte föredrar en klick svalkande mjukrörd glass. Ett lagom kylt Sauternesvin passar förträffligt till de färska bären.

### Halstrade sotare

Om man inte har en grill, kan sotarna halstras i en torr gjutjärnspanna på spisen. Då krävs att pannan är **mycket het** och att strömmingen saltas rikligt utvändigt alldeles före halstringen. Dessutom är det viktigt att halstringen i pannan sker under en bra köksfläkt. Det är nämligen ofrånkomligt att det ryker och osar en del, om strömmingen ska få den rätta färgen.

**Det här behövs för 4 pers:**
*600 g rensad färsk stor strömming (eller 1 kilo orensad)*
*2—4 tsk salt*
*2—3 msk fransk ljus senap*

## MENY

*Lemon gin och ädelostfyllda selleristjälkar*

---

*Glödhalstrade sotare med örtsås och färskpotatis Öl och ev snaps*

---

*Färska jordgubbar med grädde Sauternesvin*

**Örtsås:**
*2 dl crème fraiche*
*1/2 dl hackad persilja*
*1/2 dl hackad gräslök*
*1/2 dl hackad dill*
*1 ask kryddkrasse (hackad)*
*1/2 pressad vitlöksklyfta*
*1—2 kryddmått salt*

**Tillbehör:**
*kokt färsk potatis*
*färsk gurka i strimlor*
*citronklyftor*
*grill + grillkol*
*halster samt helst en bälg*

**Gör så här:**
**1.** Använder du orensad strömming rensar du den lättast så här: Klipp av huvudet nästan helt av från ryggsidan och fortsätt utmed buken. Låt inälvorna följa utmed buken. Låt inälvorna följa med ut tillsammans med huvudet. Klipp slutligen bort stjärt och ryggfena samt tag bort ryggbenet.
**2.** Sätt på färskpotatisen till kokning och elda på grillen. Lägg under tiden ut den rensade strömmingen med köttsidan upp. Bred ett tunt lager senap på varje strömming samt vrid en aning nymalen vitpeppar över. Vik ihop strömmingen så att den ser hel ut igen och lägg dem tätt i ett lätt inoljat halster.
**3.** Blanda samtliga ingredienser till såsen. När potatisen börjar bli klar, är det dags att med en bälg eller liknande bearbeta grillbrasan till maximal glöd och hetta.
**4.** Salta strömmingen rikligt på båda sidor och lägg halstret direkt på glöden. Halstra strömmingen under högsta möjliga värme ca 2 minuter på varje sida. Servera den sedan omedelbart med nykokt potatis och sås som tillbehör.

### Lemon gin och ädelostfyllda selleristjälkar

**Det är behövs till 1 drink:**
*4 cl lemon gin*
*1—2 msk färsk gurka i fina strimlor*
*1 tunn citronskiva*
*1 dl tonic water eller soda*
*ev ett par droppar citronsaft*
*iskuber*

**Gör så här:** Lägg den strimlade gurkan i botten av ett glas. Täck med citronskivan och lägg en rejäl iskub som tyngd ovanpå. Fyll på med gin och smaksätt ev med ett par droppar citronsaft. Tillsätt slutligen tonic water och drinken är klar att avnjutas.

Som tilltugg bjuds ostfyllda selleristjälkar. Mjukrör ädelost med en aning smör eller crème fraiche och fyll massan i stjälkarna. Skär sedan till lagom små munsbitar och bjud till drinken.

# Rökt fiskfilé med avocadosås och löjrom

## MENY

*Bärdrink med ostkex*

*Rökt fiskfilé med avocadosås och löjrom samt nykokt färskpotatis*
*Vitt vin*

*Fruktsallad på färska jordgubbar och melon med mandelmassgrädde*

I det här receptet handlar det om varmrökt fisk. Den kräver egentligen ingen tillagning utan är färdig att serveras direkt efter inköp. Vill man ge fisken en liten uppmjukning åt det nyrökta hållet, kan den gärna värmas lätt i en ugn eller inlindad i folie vid sidan av en öppen brasa.

Varmrökt fisk som säljs i butik är ofta vakuumförpackad och har då en mycket god hållbarhet i kyl i oöppnad förpackning.

Där fisken säljs i "lös" vikt är hållbarheten betydligt mer begränsad. Upp till 4—5 dagar kan dock gå bra, om den hela tiden förvaras i en bra kyl.

Viktigt: förväxla inte varmrökt fisk med den kallrökta, som har en hållbarhet i kyl på flera veckor.

### Rökt fiskfilé

Här kan du välja den rökta fisk som står till buds. Fråga t ex efter sik, makrill, regnbåge, lax eller öring. Även flundror förekommer i varmrökt skick och kan oftast serveras hela som portionsfiskar. Här bör också påminnas att ålen finns både rundrökt och flatrökt. Flatrökning innebär att den är helt urbenad och platt som en slips.

**Det här behövs för 4 pers:**
*800 g—1 kilo varmrökt hel fisk*
*150 g löjrom*

**Avocadosås:**
*1—2 mogna avocado, ca 300 g*
*1/2 tsk citronsaft*
*1 dl gräddfil*
*ca 1/2 dl hackad gräslök*
*ca 1/2 tsk salt*

**Tillbehör:**
*kokt färskpotatis*
*färsk gurka och citron*

**Gör så här:**

**1.** Börja med såsen samt sätt färskpotatisen till kokning. Dela och kärna ur avocadon och lägg köttet i en food processor eller mixer. Tillsätt citronsaft och gräddfil och kör det hela snabbt till en slät sås.

**2.** Smaka av såsen med salt samt tillsätt den hackade gräslöken. Tag sedan bort skinnet på fisken och bena ur den i långsmala benfria filéer. Värm ev filéerna lätt i 200 ° ugn under smörat folie 5—7 min så att fisken får en nyrökt karaktär.

**3.** Lägg upp och fördela fiskfiléerna på tallrikar. Klicka ut avocadosåsen och toppa den med en rejäl klick löjrom.

Garnera med gurka, citron och ev dillvippa samt bjud nykokt färskpotatis till.

### Fruktsallad med mandelmassgrädde

Dela en melon i två halvor och ta bort kärnorna. Ta ur melonköttet med en sked och skär det i bitar. Dela färska jordgubbar i bitar och blanda med melonköttet. Lägg tillbaka salladen i skalhalvorna som först skärs jämna i botten så att de står stadigt. Strö ev över en aning socker. Bjud vispad grädde som är sötad med grovriven mandelmassa till.

### Bärdrink

Mät upp 2 msk björnbärslikör i ett högt glas. Tillsätt några frysta hallon innan de tinat. Fyll på med ett väl kylt mousserande halvtorrt vitt vin. I den är drinken får de frysta bären fungera både som dekoration och drinkkylare.

### Tilltugg

Skär lagom mogen lantbrie i mindre bitar och lägg på små salta kex. Dekorera varje ostkex med en bit valnötskärna.

VINO FINO DE RIOJA
BLANCO
Blanco är importerat med ur-
från Consejo Regula-
Denominación de Origen Rioja.
VIN. & SPRITCENTRALEN

# Grillade marinerade räkor

## MENY

*Röd sommarbål*

*Grillade marinerade räkor, rosensås,*
*sallad bröd, smör, ost*
*Torrt vitt eller rosa vin*

*Igelkottsmango*
*fikonpuré, jordgubbar*

Menyn är gjord för sommarverandan eller uteplatsen med grillen i närheten — kanske t o m på bordet.

Det är en måltid att bjuda på när infallet att träffas kommer hastigt på. Den är okonventionell och kul och går fint att göra för flera.

Börja med att marinera och halvtina räkorna i sojan.

Gör de båda såserna — den rosa till räkorna och fikonpurén till desserten. Tänd sedan under grillen och ordna med resten.

### Grillade marinerade räkor

Ett lite annorlunda sätt att njuta våra vanligaste skaldjur. Ta gärna frysta räkor, men välj helst de s k lyxräkorna, som är utsorterat stora och som därför förstås kostar lite mer. Fråga efter dem i manuella fiskdisken. Havskräftor och scampi kan också marineras och grillas på samma vis — alla sorterna på en gång!

**Det här behövs för 4 personer:**
*1 kilo stora frysta räkor med skal*
*Grill, briketter, tändvätska*

**Sojamarinad:**
*1/2 dl soja*
*1/2 dl olja*
*1 kryddmått ingefära*

**Gör så här:**
**1.** Blanda marinaden i en stor skål och lägg i de frysta eller tinade oskalade räkorna.
**2.** Vänd dem då och då så att marinaden fördelas.
**3.** Tänd grillen och låt den brinna ner till en fin glödbädd.
**4.** Grilla räkorna någon minut på var sida efterhand som de skalas och äts.

**Rosensås**
Såsen är god både till räkorna och den åtföljande salladen.

**Blanda för 4 pers:**
*2 dl majonnäs*
*1 msk tomatpuré*
*1 kryddmått ingefära*
*2 msk sherry*

**Mångfärgad sallad**
Till salladen väljer vi de finaste grönsaker vi hittar alltefter vad säsongen kan erbjuda. På franskt manér river vi sallaten och lägger upp den portionsvis.

**På tallriken läggs:**
*isbergssallat*
*rosensallat*
*bifftomater*
*späda haricots verts*
*stora svarta oliver*
*dressing smaksatt med*
*italiensk salladskrydda*

### Dessert

Av en mangofrukt görs 2 igelkottar. Frukten som är tillplattat oval har en stor platt kärna i mitten. För att få bort denna, skär man av mangons båda yttre kupade halvor längsmed, så att man får kvar en ca 2-centimeters skiva mitt på med kärnan i.

Lägg den kupade frukthalvan i handen, rutskåra den med en bordskniv ner till — men inte igenom skalet.

Vänd ut-och-in så är igelkotten klar. Lägg den på en tallrik med färska jordgubbar och fikonpuré.

**Fikonpuré för 4 pers:**
Skölj och hacka 12 torkade fikon. Kör dem sedan till mos i mixer med saften från 2 apelsiner. Smaka av med 2 msk konjak.

### Drink

Blanda en halv flaska rödvin med 1/2 dl gul saft av exotiska frukter (eller vanlig apelsin). Kyl och späd med en hel låda is.

Ställ drinken i kylskåpet en kvart och bjud den sedan med en jordgubbe i varje glas.

# Ishavsräkor à la provençale

## MENY

*Lätt vindrink med cocktailspett*

---

*Ishavsräkor à la provençale med baguette*
*Vitt vin*

---

*Fikon i konjak med lättvispad mandelmassgrädde*

I den här menyn ingår det ett par lite pillriga och tidsödande moment. Det är cocktailspetten som kräver 10—15 min pyssel samt skalningen av räkorna.

Har du frysta räkor med dig hem kan du snabbt få bort den värsta kylan genom att hastigt spola av dem i hett vatten. Bred sedan ut räkorna på en ugnsplåt eller stort fat så tinar de lagom medan du tillverkar cocktailspetten.

Gör sedan såsen till räkorna samtidigt som vildriset eller potatisen kokar. Skala slutligen räkorna medan sås och ris småputtrar färdigt på spisen.

Fikon i konjak är ju snabblagat, eftersom det bara är grädden till som ska lättvispas. Det hinner du lätt efter det att varmrätten är avklarad. Smaksätt grädden när den är färdigvispad med grovriven mandelmassa — det ger en fin smakbrytning till fikonen och konjaken.

---

### Räkor

Till den här rätten tycker vi att det räcker med att på franskt manér bryta en knaprig baguette och bjuda som tillbehör. Den som vill kan med fördel komplettera med kokt vildris eller kokt pressad potatis till. Räkorna kan givetvis ersättas med scampi eller havskräftor.

**Det här behövs för 4 pers:**
*1 kilo stora ishavsräkor*
*2 + 2 msk smör*
*1 gul lök*
*3—4 vitlöksklyftor*
*2 msk tomatpuré*
*300 g färska champinjoner*
*4—5 tomater*
*2 1/2 dl torrt vitt vin*
*1 fiskbuljongtärning*
*1 msk smör + 1 msk vetemjöl*
*salt*
*ca 1/2 dl hackad persilja*

**Tillbehör**
*Baguette*

**Gör så här:**
**1.** Skala och skiva löken och vitlöken i tunna skivor. Tvätta och skär champinjonerna i tjocka skivor. Klyfta tomaterna i mindre klyftor.
**2.** Fräs löken och vitlöken i ca 2 msk smör utan att den får färg. Tillsätt tomatpurén, champinjonerna och tomaterna samt smula i buljongtärningen. Späd med vinet och ge det hela ett uppkok.
**3.** Blanda 1 msk smör med 1 msk vetemjöl till en slät massa och klicka i under omrörning. Låt allt koka sakta ca 10 minuter. Skala under tiden räkorna.
**4.** Strax före serveringen tillsätts räkorna tillsammans med ca 2 msk kallt smör. Hetta upp det hela under omrörning utan att det kommer i kok. Smaka ev av med salt beroende på hur pass salta räkorna är. Strö persilja över och bjud baguette till.

### Lätt vindrink

Mät upp 1 1/2—2 msk Marinella i ett högt glas och fyll på med 1 1/2 dl halvtorrt mousserande vitt vin som ska vara väl kylt. Marinella hittar du under rubriken vindrinkar i systembolagets katalog. Den kommer från Finland och är gjord på vinbär, lingon och hjortron. Marinella har en smak av vildmark med en aning bitter eftersmak.

### Cocktailspett

Som tilltugg gör du enligt följande. Skär en lagrad god ost, basturökt skinka och färsk gurka i små jämna tärningar (ca 1 × 1 cm). Skär en rökt korv typ Tysk lantjägerkorv i små bitar eller tärningar. Lägg till en oliv och varva sedan dessa ingredienser på tandpetare och du har färdiga minispett. Börja med en oliv och sluta med en bit gurka. Beräkna 3—4 spett per person.

70 cl
NECTAR
DÉPOSÉE
PRODUCE OF FRANCE

# Saffransragoût på torsk och skaldjur

## MENY

*Torr vermouth, med krossad is och citron Grissinistänger, oliver*

*Saffransragoût på torsk och skaldjur*
*Toast Melba*
*Vitt vin*

*Emmenthaler och päron till ett glas rött Punschcoupe*

När fisk eller skaldjur serveras i en elegant, gräddavredd buljong brukar det på restaurangmatsedlarna ofta heta ragoût. På bordet brukar det visa sig vara ett slags mellanting mellan soppa och sås.

I allmänhet serveras den på en flat tallrik med bräm och med den senaste besticksuppfinningen vid sidan — den flata såsskeden. Den som ger gästen alibi för att äta sås med sked.

En ragoût av denna lätta typ är huvudrätt i vår snabbt lagade gourmetmåltid denna gång. Såsen är så ljuvlig att man gärna äter mycket av den till fisken, skaldjuren och broccolibuketterna. (Lägg gärna med lite mer broccoli än vad vi fick med på vår portion!)

För hemmabruk tycker vi att ragoûten serveras i djupa tallrikar med både kniv, gaffel och vanlig sked. Den som råkar äga såsskedar passar naturligtvis på tillfället att använda dem och då till flata tallrikar.

Efter huvudrätten föreslår vi en god ostbit och byte till rött vin som fortsättning på samvaron kring bordet. Avslutning före kaffet är punschcoupe.

### Saffransragoût

Havets vita torsk serverad i en mustig saffransgul buljong.

**Det här behövs för 4 pers:**
*2 stora torskfiléer, ca 700 g*
*1 1/2 tsk salt*
*150 g färska räkor*
*1 burk musslor, 225 g*
*några buketter färsk broccoli*
*2 msk smör*
*1 liten gul lök eller schalottenlök*
*1 vitlöksklyfta*
*2 1/2 dl torrt, vitt vin*
*2 1/2 dl vatten*
*1 fiskbuljongtärning*
*1 kvist persilja*
*1 dl crème fraiche*
*1/4 kuvert saffran*
*1/2 tsk tomatpuré*

**Till servering:**
*1/2 pain riche, rostad i tunna skivor eller orostad*

**Gör så här:**
**1.** Sätt in och värm 4 tallrikar i 75 ° ugn.
**2.** Dela varje torskfilé i två lika delar. Ta bort synliga ben och salta fisken. Skala räkorna, öppna musselburken och häll ifrån spadet. Skär loss och skölj små broccolibuketter.
**3.** Hacka och smörfräs löken i en vid panna utan att den tar färg. Pressa ner vitlöken.
**4.** Tillsätt vin, vatten, buljongtärning och persiljekvist. Lägg ner torskbitarna i den sjudande buljongen (stjärtbitarna kan vikas dubbla). Täck med lock och låt fisken bli nätt och jämnt färdig, 4—6 minuter beroende på tjocklek. Lägg samtidigt med broccolibuketterna.
**5.** Om toast Melba ska serveras: Sätt på ugnsgrillen och lägg ut mycket tunnskurna små painriche-skivor över plåten. Rosta dem högst upp i ugnen på ena sidan.
**6.** Ta upp fisk och broccoli med hålslev och lägg över bitarna på de förvärmda tallrikarna. Värm som hastigast också musslorna i buljongen, ta upp med hålslev och fördela dem ihop med räkorna (ej värmda) i tallrikarna.
**7.** Sila buljongen, häll tillbaka den i pannan och vispa ner crème fraiche, saffran och tomatpuré. Koka upp, smaka av sältan.
**8.** Fördela soppsåsen i tallrikarna. Servera med brödet.

### Punschcoupe

Alltid lika välkommen och lätt att variera med olika slags glass. Gör stor eller liten coupe beroende på om ost bjudits som mellanrätt eller ej.
**Bottna** portionsskålar med någon god choklad- el fruktblandad glass.
**Häll** 1/4 dl punsch över.
**Toppa** med en sked vispad grädde.
**Strö** lite snabbkaffepulver överst.
**Stick ner** ett rullrån vid sidan.

# Överbakad marmite på champinjoner och räkor

## MENY

*Sherry*
*stora, gröna oliver*

---

*Överbakad marmite på champinjoner och räkor*
*Källarfranska*
*Torrt, vitt vin*

---

*Friterad camembert, frukt*
*Portvin*

Dukningen är också en viktig del av förberedelserna. Ett vackert bord med blommor och ljus bidrar i hög grad till feststämningen.

Inom ramen för de 60 minuter som behövs för att laga, lägga upp och servera denna meny ryms dock inte dukningen. Vi föreslår att detta görs antingen på morgonen samma dag, eller av någon annan familjemedlem. Kanske t o m av gästerna samtidigt med att drinken serveras. Det är alltid trevligt att umgås i ett kök — detta senare förstås under förutsättning att den matlagande själv trivs med sällskap under arbetet.

Denna meny med sin klassiska aperitif, sin överraskande ''marmite'' och trevliga ostavslutning lagas bäst rakt av i den turordning det ska serveras. Och när ''marmiternas'' mössor höjt sig välkomnas till bords. Osten som ska friteras läggs i fritös eller stekpanna först i pausen mellan rätterna — för absolut nyfriterad ska den bjudas.

### Överbakad marmite

En verkligt god och roligt överraskande rätt, precis lagom att bjuda på när man är fyra. För att kunna göra en överbakning som denna behöver man ha 4 ugnssäkra skålar eller tallrikar. Prova att de ryms samtidigt i ugnen.

**Det här behövs för 4 personer:**
*4 schalottenlökar el 1 gul lök*
*4 persiljekvistar*
*1 liten flaska vitt vin*
*4 dl vatten*
*500 g oskalade räkor, ev frysta*
*500 g färska champinjoner*
*3 dl vispgrädde*
*ca 1 kryddmått salt*
*en doft färskmalen peppar*
*1 äggvita el 1/2 ägg*
*4 plattor fryst smördeg*

**Gör så här:**
**1.** Bred ut räkorna att tina på långpanna i 100 ° ugn, om de inte är tinade. Ta fram smördegen.
**2.** Skiva löken och lägg den samt stjälkarna från persiljan i en kastrull. Häll på vin och vatten och låt småkoka delvis under lock.
**3.** Skala räkorna och lägg efterhand skalen i buljongkastrullen.
**3.** Häll ut champinjonerna på en frottéhandduk. Rulla dem och skaka om så fastnar allt smolk på handduken. Hacka svampen grovt.
**5.** Sila över buljongen i en ren kastrull, späd ev med vatten till ca 5 dl. Tillsätt grädden, koka några minuter och smaka av med salt och peppar.
**6.** Fördela de skalade räkorna i ugnssäkra soppskålar. Kavla ut degplattorna till fyrkanter som väl kan täcka skålarna. **Hit kan förberedas om man så vill.**
**7.** Värm ugnen till 275 °. Pensla skålarnas kanter och en bit ner på utsidan med ägg.
**8.** Häll champinjonerna i soppan och ge dem ett hastigt uppkok, men inte mer. Fördela soppa och champinjoner i skålarna och lägg överst små bitar av persilja.
**9.** Täck med smördegen som trycks fast **väl** om skålarna. Pensla inte deglocket som höjer sig bättre openslat.
**10.** Sätt in på galler på första falsen i ugnen och grädda 12 minuter utan att öppna ugnsluckan.

Bjud omgående med svalt vitt vin. Lägg också fram kuvertbröd av typ källarfranska när marmiten bjuds som huvudrätt.

### Dessert

En väl mogen krämig brie eller camembert bjuden till ett glas portvin och milda, söta frukter som sharon, päron och druvor är underbar avslutning på en måltid. Vill man ha ännu ett överraskningsmoment kan man servera friterad camembert. Friteringsfärdiga, frysta ostar kan finnas att köpa. Dubbelpanera annars snibbar av portionsstorlek i mjöl, vispat ägg, rivebröd.

### Drink

Som aptitretare före maten väljer man helst torr eller halvtorr sherry som serveras sval, 10—12 ° C. Om man köper stora goda, lösviktsoliver med kärna behövs inget annat tilltugg.

Le Cardinal
Sauvignon
BORDEAUX

# Pilgrimsmusslor i vitvinsås med champinjoner

Pilgrimsmusslan (fr. coquilles Saint-Jacques) är en havsmussla som fångas utmed atlantkusten och i Medelhavet. Den tillhör familjen kammusslor. Pilgrimsmusslans skal är kupigt och har 8—12 ribbor. Formen och storleken påminner om ett stort välmatat ostron. Det finns ett välkänt bensinbolag som har just pilgrimsmusslans skal som sin symbol.

Färska musslor öppnas och man avlägsnar det så kallade "skägget" och de mörka inälvorna. Kvar får du en rund lätt tillplattad bulle av vitt kött med en rödfärgad kam av rom som sitter ihop med köttet. Det är i detta skick vi kan köpa pilgrimsmusslor (styckfrysta utan skal) i mer välsorterade fisk- och mataffärer typ saluhallar.

Tyvärr har inte denna delikata mussla fått den spridning den förtjänar. Om efterfrågan ökar kommer också spridningen så småningom och det är just här du kan hjälpa till. Tala därför gärna med din fiskhandlare eller varuhusets fiskavdelning och beställ i förväg om det så behövs — det är garanterat värt besväret.

## Pilgrimsmusslor

Pilgrimsmusslor ska hanteras och pocheras mycket lätt och varsamt. I kort vinbuljong under tättslutande lock räcker det med 2—4 minuters sjudning för att tinade eller färska pilgrimsmusslor ska bli färdiga.

Kokar du musslorna för länge eller för häftigt blir de sega i konsistensen i likhet med många andra skaldjur som överkokas.

**Det här behövs för 4 pers:**

*600—800 g pilgrimsmusslor*
*1 + 1 msk smör*
*ca 2 msk finhackad schalottenlök eller gul lök*
*200 g färska champinjoner*
*2 dl torrt vitt vin*
*1 fiskbuljongtärning*
*3—4 dl crème fraiche*
*ca 1/2 tsk salt + ev*
*1/4 krm cayennepeppar*

**Tillbehör:**

*4 portioner saffransris*
*ev bladpersilja till garnering*

**Gör så här:**

**1.** Börja med att koka 1 1/2 dl ris i 3 dl grönsaksbuljong (tärning) tillsammans med 1/2 g saffran. Koka riset i 18—20 min.

**2.** Gör under tiden i ordning musslor och sås. Fräs löken lätt ett par minuter i ca 1 msk smör utan att den får färg. Tvätta och skiva champinjonerna och tillsätt dem.

**3.** Fyll på med vinet och smula i fiskbuljongtärningen. Lägg i pilgrimsmusslorna och täck med lock. Sjud det hela sakta 6—8 minuter för frysta musslor eller 2—4 minuter för tinade eller färska.

**4.** Lyft upp musslorna och håll dem varma tillsammans med en smörklick under lock i en liten kastrull på spiskanten. Koka hastigt ihop buljongen tillsammans med svampen tills ca 1 dl vätska återstår. Tillsätt crème fraiche och koka ytterligare ett par minuter.

**5.** Smaka av såsen med salt och ev en aning cayennepeppar (ca 1/4 krm). Smöra fyra små kaffekoppar eller muffinsformar väl med smör eller olja. Packa riset hårt i formarna och stjälp upp det på heta tallrikar. Fördela såsen runt omkring ristimbalerna och lägg ut musslorna i såsen. Garnera med några persiljeblad och servera omgående.

# MENY

*Varma kronärtskockshjärtan med schweizerost*
*Montilla Dry*

*Pilgrimsmusslor i vitvinsås med färska champinjoner och saffransris*
*Vitt vin*

*Kaffe med mintchoklad*

## Montilla Dry

är ett torrt spanskt lättvin som med sin kraftfulla smak och sherrykaraktär fungerar utmärkt som inledningsdrink till den här måltiden.

Idealtemperatur för vita lättviner vid serveringen är 14°. Men man kan gärna låta temperaturen gå ner ytterligare ett par grader när vinet ligger på kylning, eftersom det ganska snabbt stiger när det kommer i glasen.

## Tilltugg

Som drinktilltugg föreslår vi små varma kronärtskockshjärtan (som finns på 400 g burkar). Börja med att låta skockhjärtana rinna av väl. Skär hjärtana jämna i botten och ställ dem i en ugnssäker form. Sätt ugnen på 225°.

Skär till små sockerbitstora kuber av väl lagrad schweizerost och placera en kub på varje skockhjärta. Ställ formen i ugnen 5—8 minuter tills osten smälter ner ordentligt.

Servera skockhjärtana varma, lätt överdoftade med en aning paprikapulver. Beräkna ca 2 hjärtan per person.

CHATEAU
CLARON

# Kött och fågel

**Vinråd**

*Som alla vet lyder grundregeln: Rött vin till kött. Men återigen finns det fullt med undantag.*

*Det finns ljust och mörkt kött och det finns ljus och mörk fågel, och bäst av allt är att det finns viner som kan anpassa sig till alla varianter och ge en stor smakupplevelse.*

*Innan Du gör Ditt vinval bör Du göra en helhetsbedömning av rätten. Är den gjord på ljust kött och en mild sås bör Du välja ett kraftfullt vitt vin, som t ex en stor mogen bourgogne. Ska Du servera mörkt kött passar det bäst med en mogen röd bordeaux eller bourgogne, eller kanske en rioja.*

*Till ljust kött med mycket provensalska kryddor passar alltid ett okomplicerat vin från Provence eller södra Rhône.*

*Italienska kötträtter som välkryddad kalv trivs i sällskap med en chianti.*

*Så länge man håller sig till bra kött av nöt, lamm eller vilt passar egentligen alla bra röda viner. Välj och vraka mellan bourgogner, bordeauxer, cabernetviner från USA, Australien, Spanien, Italien, zinfandel, rioja, barolo, röda viner från norra Rhône, Chateauneuf-du-Pape o s v.*

*Stora mogna rödviner passar också till viltfågel och i viss mån också till tamfågel, även om det inte är lika självklart där.*

*Till kyckling eller kalkon passar halvtorra tyska viner, mogen vit bourgogne eller bordeaux liksom alsaceviner också förträffligt.*

*Lätta rödviner till lätta kötträtter och kraftfulla rödviner till kraftfulla kötträtter, är en bra tumregel.*

*Däremot ska man undvika vin till stark kinamat och rätter med curry. Då passar öl allra bäst.*

*Låt fantasin spela. Inget ska vara omöjligt från början. Ett exempel på möjligheterna är att man ofta får söt vit sauternes till gåslever när man besöker det distriktet.*

*Viktigast av allt är att dessa regler inte hämmar Din fantasi. Kombinationsmöjligheterna är otaliga — så våga, och vinn!*

# Helstekt oxfilé med selleripuré och bakad lök

Att duka riktigt vackert och för en gångs skull få ta fram det allra finaste man har i skåpet kan ibland vara halva nöjet med en fest. Men att duka så tar faktiskt längre tid än man kanske tror.

Finns de ambitionerna, följ vårt lilla råd att göra dukningen dagen innan. På det viset blir det här en lättvindigt gjord fest, trots att maten hör till det elegantaste man kan bjuda på.

Vid första anblicken ser receptet långt ut, men så innehåller det också huvudrättens alla komponenter med tillagningen beskriven i rätt ordning.

## MENY

*Avocadobåtar med rökt lax*
*Färsk grapetonic*

---

*Helstekt oxfilé med flera sorters peppar, rödvinssås, selleripuré och bakad schalottenlök*
*Rött vin*

---

*Desserttallrik med apelsiner, jordgubbar och choklad*
*Ev dessertvin*

### Helstekt oxfilé med flera sorters peppar

Rätten kan tallriksserveras eller läggas upp på fat, varma helst heta.

**Det här behövs för 4 pers:**
*500—600 g oxfilé av mittbit*
*1 tsk hel svartpeppar*
*1 tsk hel vitpeppar*
*1 tsk roséPeppar*
*1 tsk grönpeppar*
*2 msk margarin eller smör*
*1 tsk salt*
*1 morot*
*1 liten lök*

**Rödvinsås:**
*drygt 4 dl spad från sellerikoket*
*1 köttbuljongtärning*
*1 1/2 dl gott rödvin*
*100—150 g mycket mjukt smör*

**Selleripuré:**
*1/2 rotselleri, 400 g*
*3 potatisar, 300 g*
*4 msk smör*
*1/2—1 tsk salt*
*lite kryddkrasse*

**Bakad lök:**
*20 schalottenlökar*

**Gör så här:**

**1.** Krossa svart- och vitpeppar grovt var för sig i mortel. Lägg köttet på en tallrik och rulla in det i samtliga pepparsorter med rosé och grön hel.

**2.** Hetta upp en stekgryta eller traktörpanna väl. Fräs margarinet och börja bryna köttet runtom. Beräkna stektiden till 25—35 minuter beroende på filéns tjocklek. Moderera värmen så att inte fettet bränns. Salta.

**3.** Sätt på vatten till sellerikoket. Skala och skär selleri och potatis i bitar och koka dem. Skala och hacka 1 lök och 1 morot, bryn vid sidan av köttet.

**4.** Sätt ugnen på 225 °. Skär av en tunn skiva i botten på de oskalade schalottenlökarna. Vira ev en foliebit om "skaftet" och baka dem på folie i ugnen 15—20 min.

**5.** När sellerin och potatisen är mjuk hälls spadet härifrån ner runt köttet ihop med buljongtärningen.

**6.** Ta upp köttet när det känns lagom "gungigt" men inte alltför löst. (Ju mer genomstekt en köttbit blir, dess fastare känns den.) Svep om folie och låt köttet vila 5—10 minuter.

**7.** Sila skyn och häll tillbaka den i den urtorkade grytan tillsammans med vinet. Koka ihop till 3 dl.

**8.** Pressa eller kör i food processor selleri och potatis till mos med en smörklick och lite salt. Lägg upp med krasse på toppen.

**9.** Skär upp köttet i sneda, centimetertjocka skivor och lägg upp det ihop med löken.

**10.** Vispa ner det mjuka smöret klickvis i skyn. Smaka av och häll upp i förvärmd skål.

### Desserttallrik

Skiva tunt goda apelsiner, lägg dem vackert direkt på portionstallrikar och sockra generöst. Lägg vackra hela jordgubbar runt om och på kanten skivor av någon god chokladkonfekt. Ett glas ungerskt dessertvin därtill smakar inte dumt.

### Färsk grapetonic

Den blonda grapefruktens naturliga sötma och bitterhet ger en härlig drink, försiktigt spetsad med gin och något som skummar.

**Det behövs till varje glas:**
*1/2 färskpressad grapefrukt*
*3 cl gin, 2 msk*
*2 isbitar*
*lite tonicvatten*

### Avocadobåtar med rökt lax

Enklare och godare kan ingen förrätt vara. Stora "båtar" kan serveras med bröd och smör som sittande förrätt. Små båtar blir lagom munsbitar på stående fot.

# Grönpepparstekt tournedos på tomatbotten

När man vill laga en bjudmiddag lite utöver det vanliga med drink, huvudrätt, tillbehör och dessert, upptäcker man att en timme går fort i köket. Därför gäller det att börja i rätt ände för att arbetet ska flyta fint. Läs först igenom recepten noga, den tid det tar har man igen.

I det här fallet startar vi med såsen. Plockar därefter fram övriga ingredienser och uppläggningskärl.

Arrangerar för drinken.

Lägger upp desserten, öppnar vinet och går sedan vidare med själva huvudrätten.

Avocadon gräddkokas i sista stund, och mandelspånen till glassbomben rostas mellan rätterna.

## MENY

*"Communard" Endiver och crème fraiche med stora nötter*

*Grönpepparstekt tournedos på tomatbotten, rödvinsås, gräddstuvad avocado och ugnspotatis*
*Kraftfullt rött vin*

*Glassbomb med mandel och hallon ev ett dessertvin*

### Grönpepparstekt tournedos på tomatbotten

Köp inte mer än 150 g oxfilé per person, 125 g är faktiskt lagom för de flesta. Denna tournedos ser ändå imponerande hög ut på sin sockel av bifftomat.

**Det här behövs för 4 personer:**
*4 bitar oxfilé à 125—150 g*
*1 tsk grönpeppar*
*2 msk margarin eller smör*
*1 tsk salt*
*1 bifftomat*

**Till såsen:**
*4 schalottenlökar*
*1 liten morot*
*1 liten bit selleri*
*1 msk margarin eller smör*
*3 dl rödvin*
*1 dl vatten, ev mer*
*1 höns- el köttbuljongtärning*
*1 tsk arrowrot + 1 msk vatten*

**Gör så här:**
**1.** Ta fram och temperera köttet, gnid in det med smulad grönpeppar.
**2.** Förbered såsen: hacka lök, morot, selleri och fräs i margarin i en kastrull. Tillsätt vin, vatten, buljongtärning och låt skyn småkoka 15 minuter. Den bör reducera till ungefär hälften. Tillsätt ev ytterligare vatten.
**3.** Hetta upp en stekpanna, fräs en smörklick och bryn köttbitarna på båda sidor. Stek dem sedan över lugnare värme sammanlagt ca 10 minuter. Vänd ett par gånger och salta under stekningen.
**4.** Ta upp och håll köttbitarna varma när de är lagom stekta. Skär tomaten i 4 kraftiga skivor och stek dessa.
**5.** Lägg upp kött och tomat på varmt fat eller heta portionstallrikar. Sila över den hopkokta skyn i stekpannan, red med arrowrot utrörd i vatten. Strö ner lite hela grönpepparkorn för dekorens skull. Smaka av och häll såsen het över tournedoserna.

### Snabb potatis

Det finns ofta flera frysta varianter bekvämt ugnsfärdig potatis och pommes frites att välja mellan i butikerna. Vi fastnar för någon av de mindre feta, eller gör bakade små potatishalvor.

### Gräddstuvad avocado

En ljuvligt mild accessoar till det mörka köttet.

**Det här behövs för 4 personer:**
*1 avocado*
*1 1/2 dl vispgrädde*

**Gör så här:**
**1.** Klyv och skala avocadon. Skär den i kuber.
**2.** Koka upp grädden och blanda ner avocadon. Koka upp och sjud någon minut.

### Dessert

Glassbomb med hallon eller andra bär runt och däröver en driva, i torr panna nyrostade, ännu varma mandelspån.

Välj en god glass, stjälp upp och se till att den är väl mjuktempererad inför serveringen.

### Drink

en så kallad Communard från Bourgogne. Kallt rött vin spetsas med svartvinbärslikör och kyls eventuellt ytterligare med ett par frusna svarta vinbär.

Skär bottenplattan av en endivesallad, och den brer ut sig och blir till perfekta dippverktyg. Crème fraiche naturell och stora salta nötter. Enkelt — elegant.

ourgogne vieux
PELLATION BOURGOGNE CONTRÔLÉE
AB VIN- & SPRITCENTRALEN
V&S

# Oxfilet mignons med löjromssås

Som du kanske redan upptäckt återkommer crème fraiche lite då och då i våra recept. Det är inte enbart en så kallad gastronomisk modenyck utan en medveten satsning på en utmärkt ingrediens.

Crème fraichen har framför allt två stora fördelar: smaken och konsistensen. Redan från början har den en nästan färdig såskonsistens och behöver ofta bara ett lätt uppkok tillsammans med övriga smaktillsatser för att bli en färdig sås. Därför passar den ofta så bra in i våra 60-minutersmenyer.

Dessutom har den sin lite lätta och syrliga smak samtidigt som den har den tjocka gräddens milda rundhet. Den kan dock inte ersätta den vanliga tjocka grädden i alla lägen, som i rätter där gräddsmaken ger karaktär.

När det gäller fetthalten är crème fraichen något mindre fet med 34 procent fett mot vispgräddens 40 procent.

## MENY

*Manhattan med varma hattar*

---

*Oxfilets mignons med löjromssås och vildris*
*Rött vin*

---

*Fransk brieost med små kex och valnötskärnor*
*Starkt kaffe med mintchoklad*

### Oxfiléts mignons

Här får du en krämig sås med lätt aromatisk pepparsmak från kryddkrassen och en lagom sälta av löjrommen. Såsen har en fyllig och hög smak men är ändå mild till sin karaktär. Vi föredrar att servera den till ett mörkt kött som vi tycker hävdar sig bra i konkurrens med såsens smaker.

**Det här behövs för 4 personer:**
*8 skivor oxfilé à 50—60 g*
*1 tsk salt*
*ca 2 krm nymalen svart- eller vitpeppar*
*1—2 msk smör*
*1 dl torr sherry*
*1 grönsaksbuljongtärning*
*3 dl crème fraiche*
*1/2 ask klippt kryddkrasse*
*100 g löj- eller sikrom*
**Tillbehör:**
*8 små kokta pärl- eller steklökar*
*4 portioner kokt vildris eller kokta spenatnudlar*

**Gör så här:**
**1.** Koka riset enligt förpackningens anvisningar. Skala och koka lökarna i lätt saltat vatten 3—5 minuter så att de blir lagom mjuka
**2.** Se till att fiIéskivorna är putsade från hinnor. När riset har ca 5 minuter kvar av sin koktid är det dags att hetta upp en stor stekpanna. Krydda filéerna under tiden.
**3.** Lägg smöret i pannan och låt det bli ordentligt brynt innan du lägger i filéskivorna. Stek dem hastigt på fortsatt hög värme knappt 1 minut på varje sida.
**4.** Lägg upp filéerna på het tallrik eller fat och håll varmt under en bit folie. Tag pannan ett ögonblick från värmen och tillsätt vinet och lös upp buljongtärningen däri. Koka upp och tillsätt crème fraiche och koka såsen ett par minuter.
**5.** Smaka av såsen med att klippa i cirka halva asken kryddkrasse. Rör samtidigt i hälften av löjrommen och smaka av om du ev behöver tillsätta några korn salt.
**6.** Rör slutligen ner en liten smörklick i vildriset. Lägg upp kött och ris på heta tallrikar och slå såsen omkring. Garnera med smålökarna och resterande löjrom.

### Brieostkex

Beräkna 3—5 små lätt salta kex per person. Lägg en liten bit lagom mogen brieost på varje kex och toppa det hela med 1/4 valnötskärna. De här små ostkexen är en precis lagom avslutning på måltiden till den sista rödvinsskvätten.

### Drink Manhattan

Mät upp i varje glas 4 cl bourbon whiskey. Tillsätt 2 cl röd vermouth och smaksätt med ett stänk Angostura bitter. Rör om lätt så att drinken blandas. Garnera med ett cockatilbär samt lägg ev i en iskub och drinken är klar för servering.

### Tilltugg

*För 4 pers:*
Tvätta 12—16 medelstora färska champinjoner väl. Bryt försiktigt av hatten på varje svamp.

Hetta upp en tjockbottnad stekpanna, helst av gjutjärn. Ställ hattarna med hålet upp i pannan, som ska vara helt torr. Låt svamphattarna stå så tills de blir genomvarma och en del saft har trängt upp inuti. Salta lätt (ev med örtsalt) över hattarna och lyft försiktigt över dem till ett serveringsfat. Bjud hattarna nygjorda och varma som tilltugg till drinken.

Vendemmia
1981
RBARESCO
DENOMINAZIONE
DI ORIGINE CONTROLLATA
E GARANTITA
Imbottigliato dalla
AB Vin-& Spritcentralen,
Stockholm
RISERVA

# Oxfilé tartar med salladsmousse

## MENY

*Claret lemonade*
*pistagemandel, morotsstavar*

---

*Oxfilé tartar med salladsmousse,*
*Råstekt potatiskaka eller saltbakad färskpotatis*

---

*Rött vin Några goda ostar Heta plommon i konjak vispad grädde*

Huvudrätten är verkligt spännande.

Den krämiga moussen — en slags fyllig dressing — gjord på sallat, persilja, gräslök, vinäger och olivolja är det stora numret både smak- och tilllagningsmässigt. Köttet däremot är ju så att säga redan färdigt. Som alternativ kan salladsmoussen serveras ihop med vackert röd, tunnskivad rostbiff. Mycket gott också det, även om det inte går upp emot kombinationen med det mjuka, färska helt råa köttet.

### Oxfilé tartar med salladsmousse

Oxfilén serveras lövtunn på tallriken. Köp den maskinskuren — om butiken åtar sig det. Köp annars centimetertjocka skivor och kavla ut dem emellan ett par ark plastfolie.

**Det här behövs för 4 pers:**
*ca 80 g oxfilé per person, skuren i 2 el 3 tunna skivor*

**Salladsmousse:**
*1 stort grönsallatshuvud, 200 g*
*1 knippa persilja, 100 g*
*1/2 knippa gräslök, 10 g*
*1 1/2 msk balsamvinäger eller 1/2 msk vinäger + 1 msk rödvin)*
*1/2 dl jungfruolja*
*3 krm salt*
*1 varv på pepparkvarnen*

**Gör så här:**
**1.** Sätt på en stor kastrull med kokande vatten. Spola upp iskållt vatten i rengjord diskho.
**2.** Kavla ev ut oxfiléskivorna lövtunt mellan plastfolie eller papper. Lägg ut dem på portionstallrikar.
**3.** Klyv sallatshuvudet. Sänk ner en halva åt gången i kokande vatten som snabbt får koka upp på nytt. Ta upp med hålslev och kyl i kallt vatten. Ta upp.
**4.** Gör på samma sätt med persiljan. Gräslöken doppas blixtsnabbt i det kokande vattnet.
**5.** Krama grönskan torr och skär den grovt innan den körs till puré i foodprocessor under tillsättande av vinäger, olja, salt och peppar. Smaka av väl.
**6.** Inför serveringen läggs ett par rejäla skedblad av salladsmoussen på oxfilén. Garnera med blad och servera med bröd, nystekt potatiskaka eller små saltbakade färskpotatisar.

### Potatiskaka

Att råsteka en potatiskaka, är enklaste sättet att laga potatis. Det går på 10 minuter. Förbered genom att ha potatisen skalad och en teflon- eller annan bra stekpanna på värmning.

**Det här behövs för 4 pers:**
*5 stora potatisar*
*5 msk margarin eller smör*
*1 tsk salt*

**Gör så här:**
**1.** Skala potatisen. Värm upp en blank, bra stek- el teflonpanna.
**2.** Riv potatisen medelgrovt.
**3.** Fräs upp drygt hälften av smöret och packa **genast** potatisen i pannan.
**4.** Lägg över lock eller en tallrik och stek ca 5 minuter.
**5.** Prova att potatiskakan glider i pannan, vänd och låt "kakan" glida ner på andra sidan i pannan där resten av smöret frästs upp. Använd en stor tallrik, en lätt skärbräda eller baksidan av en bricka för vändningen. Stek 3—5 min till.
**6.** Salta och servera genast.

### Claret lemonade

En fruktig rödvinsdrink av det långa slaget.

**Satsen ger 4—6 glas:**
*1 flaska rödvin t ex franskt lantvin*
*2 msk florsocker*
*saften av 1 citron*
*mycket is*

Blanda alla ingredienser väl och servera i höga glas med mycket is.

### Tilltugg

Eleganta stavar av färska morötter och grönskimrande pistagemandlar med skal är båda, och i synnerhet tillsammans, oslagbart gott, trevligt och lättgjort drinktilltugg.

# Whiskyflamberad entrecôte med dragonsenapsås

Den som verkligen värderar smaken på en riktig bit fint nötkött sätter nog i allmänhet entrecôten framför t o m oxfilén trots dess högre status. Det är bland annat i det insprängda fettet hos entrecôte en hel del av den goda smaken sitter. När den steks eller grillas, smälter fettet och smakerna frigörs på ett fantastiskt sätt.

Det är alltså runt en praktfull entrecôte vi har byggt denna gourmetmiddag. Det har blivit en kraftfull komposition alltifrån drinken med sitt kryddiga tilltugg till köttbitens tillbehör.

## MENY

*Bloody Mary*
*Amerikanska drinksnittar*

---

*Whiskyflamberad entrecôte med dragonsenapsås och grönsakstrio*
*Fylligt rött vin*

---

*Färska jordgubbar med gräddmjölk*

### Whiskyflamberad entrecôte med dragonsenapsås

Av allt nötkött har entrecôten kraftfullaste smaken. Därför tål den också tufft sällskap som av den här såsen.

**Det här behövs för 4 pers:**
*4 entrecôter*
*1/2 tsk grovmalen svartpeppar*
*1 tsk salt*
*3 msk margarin el smör*
*1/2 dl whisky*
*2 dl crème fraiche*
*2 tsk ljus fransk senap*
*2 tsk torkad dragon el färsk*
*2 msk hackad persilja*
*3/4 tsk salt till såsen*

**Gör så här:**
**1.** Ta fram och peppra köttet, det mår bra av att tempereras före stekningen. Plocka fram samtliga ingredienser. Gärna uppmätta och framsatta på bricka — om man ämnar briljera inför publik!
**2.** Entrecôte ska stekas över kraftig värme, så att köttet snabbt får bra färg. Sedan modereras värmen så att inte stekfettet bränns. Hetta upp en stor stekpanna, bryn fettet och stek köttet. Salta.
**3.** När köttet är stekt, dras pannan av värmen (bort från köksfläkt), whiskyn hälls över och det hela flamberas.
**4.** Lägg över entrecôterna på varma tallrikar som sedan ev ställs in i 100 ° ugn. Rör ner crème fraiche, senap, dragon och persilja i pannan. Koka upp, smaksätt med salt och ev ytterligare några droppar whisky eller lite vatten om såsen blir för fast.

### Grönsakstrio

Tre sorters grönsaker upplagda på samma fat med smältande smörklickar över. Förbered genom att ha tre kastruller med kokande vatten på spisen.

### Haricots verts

Färska haricots verts, så små som möjligt och bara ytterst snabbt kokta, 3 min så knaprighet och spänst finns kvar.
**Beräkna 250 g för 4 personer.**

### Svartrot

Den som inte redan upptäckt svartrot, har en trevlig bekantskap kvar!
**För 4 personer behövs här 4—6 rötter:**
**1.** Skala rötterna med potatisskalare, skär dem i fingerlängder och lägg dem i vatten med citron i väntan på kokning.
**2.** Koka dem i vatten med lite citron och salt 10 min.

### Kokta rädisor

Som en kuriosa: en knippa kokta rädisor. Efter 5 min i kokande vatten är de fortfarande knapriga men mildare och blekare än från början.

### Bloody Mary

**Blanda för 4 drinkar:**
*2 1/2 dl tomatjuice*
*1—1 1/2 dl vodka*
*saften från 1 citron*
*2 tsk Worcestershiresås*
*istärningar*

Sila upp, strö över sellerisalt eller sätt i en selleristjälk.

### Amerikanska drinksnittar

**För 4 pers:**
*4 skivor vitt bröd*
*1 finhackad lök*
*2 dl grovriven ost*
*1/2 dl majonnäs*

**Gör så här:**
**1.** Värm ugnen till 250 °. Lägg ut brödet på plåt med bakpapper. Blanda lök, ost och majonnäs.
**2.** Packa brödskivorna med blandningen och dela dem i två bitar.
**3.** Gratinera inför serveringen, 5 minuter. Servera i servett.

PÈRE & FILS
CHATEAU DE BEAUNE
DU CHATEAU
PREMIER CRU

# Snabbmarinerad rostbiff med smördegspaj

## MENY

*Mousserande hallon Pastejhattar*

*Snabbmarinerad rostbiff med smördegspaj och gräddstuvade kronärtskockshjärtan*
*Rött vin*

*Svensk nätmelon*

Delarna gör helheten, det är den här gourmetmiddagen ett bra exempel på. Själva huvudrätten består av tre lika tungt vägande komponenter, som tillsammans blir en tallrik inför vilken man utbrister i lovord!

Vi har letat i butikerna efter halvfabrikat som man kan göra något "eget" med och fastnat för köttdiskens fina färdigstekta rostbiff, charkens leverpastej, frysens utmärkta smördeg och konservhyllans kronärtskockshjärtan.

### Snabbmarinerad rostbiff

Den bekvämt färdigköpta rostbiffen får mer smak om skivorna marineras en stund.

**Det här behövs för 4 personer:**
*12 vackra skivor färdigstekt rostbiff*
*2 stora vitlöksklyftor*
*2—3 msk soja*
*2 msk olja*
*2 krukor eller knippen gräslök*

**Gör så här:**
**1.** Pressa vitlöksklyftorna på en flat tallrik och vispa på tallriken ihop dem med soja och olja.
**2.** Vänd rostbiffskivorna i marinaden och låt marinera 10—30 min.
**3.** Finhacka gräslöken och vik rostbiffskivorna dubbla med rikligt med gräslök inuti och en del över varje skiva.

### Smördegspaj

Snabbgjord portionspaj, lämplig följeslagare till ett glas rött eller som här ett matigt tillbehör.

**Det här behövs för 4 personer:**
*2 plattor fryst smördeg*
*150 g god, lagrad ost*
*2 stora tomater*
*1 glas oliver, ca 90 g*

**Gör så här:**
**1.** Dela varje smördegsplatta mitt itu och lägg ut på plåt med bakplåtspapper.
**2.** Hyvla en ostskiva över varje smördegsplatta, skiva och lägg tomaterna ovanpå.
**3.** Hacka och strö över oliverna och täck slutligen med rikligt med ost.
**4.** Grädda inför serveringen 20 min i 200 ° mitt i ugnen.

### Gräddstuvade kronärtskockshjärtan

En 400-gramsburk kronärtskockshjärtan räcker för fyra.

**Det här behövs:**
*1 burk kronärtskockshjärtan*
*2 dl vispgrädde*
*1/2 tsk salt*

**Gör så här:**
**1.** Koka ihop grädden några minuter så att den blir aningen simmig.
**2.** Häll bort spadet skockorna ligger i, spola dem med vatten i burken, låt rinna av väl.
**3.** Blanda kronärtskockshjärtana i grädden, salta varligt och koka upp.

### Mosserande hallon

**Satsen ger 8 glas:**
Rör 1 pkt frysta, lättsockrade hallon eller ca 3 dl färska till mos med 1 1/2 dl rödvin.

Fördela moset i 8 höga glas.

Inför serveringen hälls välkylt mousserande vin över.

### Pastejhattar

Vi vågar lova en strykande åtgång på de pastejfyllda, knapriga champinjonhattarna.

**Beräkna för 6—8 pers:**
*20 stora champinjonhattar*
*200 g bredbar leverpastej*
*4 tsk god konjak*
*1/2 dl mjölk*

**Gör så här:**
**1.** Rör pastejen slät med lite i taget av konjak och mjölk — kör ev i food processor.
**2.** Borsta champinjonerna rena och bryt av foten.
**3.** Lägg pastejen i en spritspåse och spritsa ut den i champinjonhattarna. Ställ svalt fram till serveringen.

# Medaljongtrio i rött ris

Vi serverar medaljonger av tre slags kött, var och en med sitt eget spännande aromsmör.

**Av köttet beräknas per person:**
*50—60 g av vardera oxfilé fläskfilé, viltfilé rådjur, hjort el älg kvarnpeppar, salt, margarin el smör*

**Gör så här:**
**1.** Gör först aromsmören (nedan). Ta fram och temperera köttbitarna.
**2.** Peppra och stek dem över kraftig värme 3—4 minuter precis före serveringen. Salta under stekningen, lägg upp på heta tallrikar.

## Trattkantarellsmör

Vi lägger en klick på den vilda filén.

**Det här behövs för 4 pers:**
*100 g mjukt smör*
*1 msk finhackad schalottenlök*
*5 g torkade trattkantareller*
*1 dl rödvin + ev något vatten*
*1 kryddmått salt*

**Gör så här:**
**1.** Koka den finhackade löken och de torkade trattkantarellerna med vinet och ev något vatten till dess att vätskan kokat in.
**2.** Låt kallna i en skål innan det blandas med det mjuka smöret, salta.

## Senapssmör

Gult och gott med sting; vi lägger det på fläskfilén.

**Det här behövs för 4 pers:**
*100 g mjukt smör*

*2 1/2 msk ljus fransk senap*
*1/2 tsk salt*
*1 kryddmått socker*
*lite peppar från kvarn*

## MENY

*Rött vin Rån med valnötsost*

*Medaljongtrio med tre smakers smör rött ris*

*Rött vin*

*Apelsinsorbet med mandellikör och chokladsås*
*Kaffe*

**Gör så här:**
Blanda allt tills smöret fått en jämn konsistens.

## Grönt smör

Persilja och dragon i smöret till oxfilén.

**Det här behövs för 4 pers:**
*100 g mjukt smör*
*3 msk finhackad persilja*
*1 tsk torkad dragon*
*el 1 msk färsk*
*1/2 tsk salt*

**Gör så här:**
Finhacka det gröna och blanda med smör och salt.

## Rödbetsris

Man kan gott säga att vi färgar riset för skojs skull, för det smakar faktiskt inte av rödbetan som fått koka med.

**Det här behövs för 4 pers:**
*4 dl vatten + 1 tsk salt*
*1 färsk rödbeta*
*2 dl långkornigt ris*
*en smörklick*

**Gör så här:**
**1.** Koka upp vatten, salt och den skalade fyr-delade rödbetan.
**2.** Blanda ner riset och sjud 20 min minuter under lock.
**3.** Plocka bort rödbetsbitarna och rör ner en smörklick.

## Dessert

Placera kulor av *apelsinsorbet* i portions- eller glasskålar. Häll i botten en aning av den goda mandellikören *Amaretto*.

Ringla över en mörk varm chokladsås: Koka upp *1 dl vispgrädde* och låt *100 g mörk blockchoklad* smälta däri. Vispa till en slät sås.

## Rån med valnötsost

Bjud osten som ett dippsmör.

**Beräkna för 4 pers:**
*1 pkt Philadelphia cream cheese eller Cantadou naturell, ca 200 g*
*1 dl valnötskärnor*
*1 tsk riven lök*
*1 tsk japansk soja*
*ev 1—2 msk vatten*

**Gör så här:**
Hacka nötterna, riv lök och mosa ihop samtliga ingredienser. Smaka av och servera.

# Helstekt viltfilé med kantarellsås

## MENY

*Rosenskål med räkor*
*Torrt, mousserande vin*

*Helstekt viltfilé med kantarellsås, skogsbär och potatis Fylligt rött vin*

*Bakade äpplen med vaniljglass och ev punsch*

Detta är en klassisk svensk höstmiddag och kanske lite mer krävande än övriga. Så vill du ha riktigt nöje av arbetet och inte behöva jäkta, bör du ge dig själv ytterligare tidsmarginal.

Råvarorna till middagen köps finputsade och delvis i halvfabrikat. Bara det roliga slutförandet återstår.

- Lägg fram räkorna som bör vara åtminstone halvtinade.
Tina också blåbären.
- Lägg kantarellerna att smörfräsa i stekpanna.
- Vispa grädden till räkorna, förbered brödskålarna.
- Sätt på potatisen och börja bryna filén.
- Ta ur äpplena, lägg dem på smort fat — de ugnsbakas under måltiden. Gör kantarellsåsen.
- Färdigställ entrén och välkomna gästerna.
- Skär upp köttet först vid serveringen.

### Viltfilé med kantarellsås

Läckra viltfiléer av rådjur — ren, hjort och älg — men också oxfilé — kan anrättas på det här viset. Bara köttets stektid varierar.

**Det här behövs för 4 pers:**

*600—800 g putsad ox- eller viltfilé*
*1 krm svartpeppar*
*1/2 dl vetemjöl*
*margarin el smör*
*1 tsk salt*

**Till såsen:**

*1—2 burkar kantareller el*
*2 1/2 dl förvällda frysta*
*2 schalottenlökar*
*1/4 tsk salt*
*1 dl gin*
*1 1/2 dl vatten + kantarellspad*
*1/2 mörk oxbuljongtärning*
*2 dl crème fraiche el vispgrädde*

**Gör så här:**

**1.** Grovhacka kantarellerna och fräs dem i smör och låt vätskan koka in. Tillsätt löken som också hackats, låt den fräsa med lite. Salta och dra åt sidan.

**2.** Peppra den hela köttbiten, vänd den i mjöl.

**3.** Salta och bryn den runtom i stekpanna tills ytan är vackert stekt och köttet bedöms vara rosa inuti. Tiden varierar med filéns tjocklek. Rådjur och hjort 5—10 min, nöt och älg 10—20 min.

Ta upp och håll köttet varmt i folie.

**4.** Vispa ner i pannan gin, vatten + buljongtärning samt crème fraiche eller grädde. Koka såsen och tillsätt kantarellerna. Koka upp på nytt och smaka av.

Skär upp filén i sneda skivor och arrangera dem på samma fat som såsen. Potatis, rårörda lingon och blåbär till. Om blåbären är sockrade kan de spolas fria från socker när de fortfarande är frysta.

### Dessert

Finns en bättre dessert på hösten än *Bakade äpplen med mjuk vaniljglass* Ta ur goda äpplen med äppelpipa, skära skalet runtom och ställ dem på smort ugnsfat.

Strö över farinsocker och baka dem en halvtimme i 200 grader.

Pudra över kanel och servera.

### Drink

Till ett glas vin på stående fot eller som sittande entré serveras

### Rosenskål med gräddiga räkor

Räkfyllningen räcker antingen till fyra halverade brödskålar eller till två hela välfyllda portionsbröd.

Halvera och gräv ur, eller skär av ett lock och gräv ur två rosenbröd eller källarfranska. Smöra och rosta dem inför serveringen några minuter i het ugn.

Tina 150—200 g skalade räkor. Krama ur överflödig vätska. Vispa 1 dl grädde med 1 msk tomatpuré, lite salt och dill eller krondillfrö. Blanda med räkorna och lägg upp i brödskålarna.

# Lammytterfilé med vitlöksmandel

## MENY

*Mousserande vin med squashkronor*

---

*Helstekt lammytterfilé med örtsky,*
*vitlöksmandel och potatismos*
*Rött vin*

---

*Desserttallrik med glass i melonsås*
*Marsala eller söt sherry*

Den utskurna filén av en lammsadel (kotlettraden) är en underbart god köttbit. När man beställer den benfritt utskuren i köttdisken brukar kilopriset vara ungefär detsamma som det för färsk fläskfilé — men oxfilén kostar som bekant ännu mer.

---

### Lammytterfilé med örtsky och vitlöksmandel

Be att få ytterfilén av en lammkotlettrad utskuren i butiken. Be också att fettkanten får sitta kvar, där finns härlig saftighet och smak.

**Det här behövs för 4 personer:**
*ca 700 g utskuren lammytterfilé*
*1/2 tsk grovmalen svartpeppar*
*2 tsk rosmarin*
*2 tsk basilika*
*2 msk margarin el smör*
*1 tsk salt*
*1 dl vitt vin*
*1 dl vatten*
*2 msk smör till skyn*

**Vitlöksmandel:**
*1—2 hela vitlökar*
*1 msk smör*
*1 tsk socker*

**Gör så här**
**1.** Snitta fettranden på ett par ställen och gnid in köttet med peppar och örter. Lägg det i en ugnssäker panna med ett par smörklickar under. Värm ugnen till 250°.
**2.** Till vitlöken sätts två pannor med vatten på. Klyftorna skärs loss och förvälls i ena kastrullen, varefter de spolas svala och lätt kan skalas.
Blanchera de skalade klyftorna än en gång. Inför serveringen fräses de upp

med smör och socker.
**3.** Sätt in köttet i den heta ugnen och stek det ca 15 minuter tills köttet är rosa inuti. Prova med köttnål, saften som sipprar ut är då rosafärgad.
**4.** Salta köttet. Ta upp och håll det varmt insvept i folie.
**5.** Vispa ner vin, vatten och buljongtärning i pannan efter köttet. Koka upp och sila över i en liten kastrull.
**6.** Vispa ner mjukt smör i skyn, som sedan inte får koka mer.
**7.** Skär upp köttet och lägg upp det på varmt fat ihop med vitlöken. Bjud skyn separat och kokt potatis eller gott mos därtill.

### Äkta potatismos

En mjölig potatis, exv King Edward ger bästa moset.

**Det här behövs för 4 pers:**
*3/4 kg mjölig potatis*
*2 dl mjölk*
*2 tsk salt*
*2 msk smör*

**Gör så här:**
**1.** Skala potatisen och skär den i mindre bitar.
**2.** Sätt på den i kokande vatten och koka den mjuk under lock 15—20 min.
**3.** Sila ifrån kokvattnet, häll istället ner mjölk i grytan och ge den ett uppkok. Sätt elvispen direkt i kastrullen och vispa luftigt.
**4.** Tillsätt smör och salta väl.

### Glass i melonsås

Passera honungsmelon eller kör renskurna klyftor i food processor. Smaksätt med honung och citron. Fördela såsen på portionstallrikar eller i coupeglas och lägg några skedblad av lagom mjuknad vaniljglass i den ljusgröna såsen. Lägg halverade jordgubbar eller andra bär runtom. Bjud dessertvin till, se förslag i menyn.

### Drink

Vitt eventuellt mousserande vin.

### Squashkronor

Snabbgjord liten förrätt. Serveras på assiett med gaffel.

**Gör så här:**
**1.** Skiva squash centimetertjockt. Förväll skivorna några minuter, kyl i kallt vatten, låt rinna av.
**2.** Lägg upp med en klick crème fraiche.
**3.** Toppa med rökt lax i strimlor.

# Dubbla lammkotletter med zucchini, vitlök och tomat

## MENY

*Rödvinskir Timjanstekt kycklinglever*

---

*Dubbla lammkotletter*
*med zucchini, vitlök och tomat*
*Rött vin*

---

*Små melonhalvor*
*fyllda med vitt portvin*

Det här är en middag som passar på hösten, denna fantastiska tid med sitt generösa utbud av färska råvaror.

Livet blir därmed lite lättare för alla som tvingas jäkta fram till bordet men sedan ändå vill njuta maten i lugn och ro.

Minutbitar av kött eller fisk är ofta en lösning. Färskt lamm är särskilt intressant och du kan dessutom komplettera med de rätta grönsakerna till rätt pris.

Även efterrätten är snabb, välsmakande och enkel. Försök att hitta små söta och välmogna minimeloner. Dela dem rakt av i halvor. Ta bort kärnorna med hjälp av en sked.

Skär sedan halvorna jämna i botten så att de står stadigt. Fyll hålet i varje portionshalva med vitt eller rött portvin och låt halvorna stå svalt i kylen medan varmvätten avnjutes.

---

### Lammkotletter

Även dubbla lammkotletter är ibland så små att man behöver två per person. I en del välsorterade hallar och köttbutiker kan man hitta färska fårkotletter. Dessa har en mer utpräglad smak och är att föredra både vad gäller storlek och smak.

**Det här behövs för 4 pers:**
*4—8 dubbla får- eller lammkotletter, ca 700 g*
*1 tsk salt*
*1/2—1 tsk citronpeppar*
*1 tsk smulad rosmarin*
*1 msk smör*
*2—4 msk olivolja*
*2—3 zucchini (squash)*
*6 tomater*
*1—2 gula lökar*
*2—3 vitlöksklyftor*
*1 ask kryddkrasse*
**Tillbehör:** *Citronklyftor och vitt bröd typ baguette*

**Gör så här:**
**1.** Gör ett kryss i skalet på tomaterna och doppa dem några sekunder i kokande vatten så att skalet lossnar. Skala och dela tomaterna i fyra delar. Ta bort kärnorna.
**2.** Skala och skiva löken tunt, skär zucchinin i 2—3 mm tjocka skivor. Hetta upp olivoljan i en panna och tillsätt zucchinin och löken. Fräs på ej för stark värme under omrörning, ca 5 min.
**3.** Tillsätt tomaterna och låt det hela puttra ytterligare ett par minuter. Pressa i vitlöken och smaka av med 1/2—1 tsk salt samt en aning nymalen vitpeppar.
**4.** Blanda salt, citronpeppar och rosmarin och krydda kotletterna på båda sidor. Hetta upp en panna och låt smöret bli lätt brynt. Stek kotletterna 1 1/2—3 minuter på varje sida beroende på kotletternas tjocklek.
**5.** Fördela kotletterna och grönsaksröran på heta tallrikar. Garnera med små buketter av kryddkrasse samt citronklyftor. Bjud vitt bröd till och servera omedelbart.

### Rödvinskir

Mät upp 2 msk koncentrerad svartvinbärssaft till varje drink i ett högt glas. Fyll på med drygt 1 dl gott rödvin och garnera glaskanten med ett par snittade gurkskivor. Ställ glasen i kylen en stund.

Vid serveringen, fyll på varje glas med ca 1/2 dl väl kyld Perrier eller annat bubbligt bordsvatten.

### Tilltugg

Bjud nystekta små timjankryddade kycklinglevrar till drinken. Beräkna ca 200 g kycklinglever till 4 pers.

Dela först levrarna i lagom stora munsbitar. Krydda med 1 tsk salt, 1/2—1 tsk timjan samt nymalen vitpeppar. Stek levern hastigt i smör i en ej för het panna 1—2 minuter under omrörning.

Fäst en oliv med en tandpetare på varje leverbit. Bjud pinnarna absolut nystekta och varma till drinken.

1981
Rioja
FUENMAYOR

# Grillad fläskkotlett med guldsmör

## MENY

*Vitt torrt, stilla eller pärlande vin*
*Vichy Nouveau lime, med jordgubbe, som alkoholfritt alternativ*
*Salladsdolmar*

---

*Grillade kotletter med guldsmör, färskpotatis och sockerärter*
*Fylligt rödvin*

---

*Jordgubbar i Riojavin — eller varmrättens vin*

Vad kan smaka bättre en svensk sommarkväll än något gott grillat! Om vädret är sådant att man kan sitta ute skönt belyst av den nedgående solen går väl egentligen inget upp emot en sådan middag.

Redan när grillen tänds, börjar förväntningarna byggas upp. Med ett svalt glas inom bekvämt räckhåll kan man sedan i lugn och ro ägna sig åt att passa grillen. För passning ska grillen ha — ständigt!

Först ska briketter eller kol övervakas så att de med hjälp av tändvätska verkligen brinner igenom och den goda glöden kan bildas. Bortåt en timme tar det för briketter, minst en halv för stor kol. Hur ofta har man inte, när man sedan suttit till bords med en blekt grillad köttbit, sagt sig: Nu är glöden perfekt, först nu skulle vi ha grillat.

I receptet här intill beskrivs själva grillningen, men det kan inte nog påpekas hur viktigt det är att man passar den noga och aldrig någonsin låter köttet blir bränt.

---

### Grillad fläskkotlett

Fläskkotletter är också kalasmat, om man väljer stora fina kotletter och grillar dem efter alla konstens regler.

**Det här behövs för 4 pers:**
*4 kotletter à 250 g*
*3 krm nymalen svartpeppar*
*3 tsk torkad salvia*
*1 tsk olja*
*1/2—1 tsk salt*
*Briketter el stor kol + tändvätska*

**Grilla så här:**
**1.** Det tar minst 45 min att få en bra glödbädd av briketter, 30 min av stor kol. Samla dem i en hög på grillen. Fukta rikligt med tändvätska. Tänd och se till att briketter eller kol verkligen brinner igenom.
**2.** Peppra kotletterna, gnid dem med salvia och olja.
**3.** Gör iordning potatis, sockerärter och aromsmör eller andra tillbehör medan briketterna bildar glöd.
**4.** Bred ut de glödande briketterna eller kolen och värm det väl rengjorda grillgallret. Ha en "vattenpistol" (blomduschare) till reds att släcka ev bränder med.
**5.** Grilla kotletterna ca 10 cm från glöden ca 15 minuter. Flytta under tiden både kotletter och glöd så att grillningen blir jämn och vacker.

Ha varma tallrikar i beredskap.

### Guldsmör

Ingen av de "gula" smaksättarna tillåts dominera.

**Det här behövs:**
*100 g smör*
*1/2 vitlöksklyfta*
*2 krm curry*
*2 krm rivet citronskal*
*1 krm salt*

**Gör så här:**
**1.** Rör ihop ingredienserna och servera smöret rumstempererat.

### Färskpotatis och sockerärter

är självskrivna tillbehör, ev också rädisor eller tomater. Ärterna kokas 3—4 minuter, spolas sedan snabbt med kallt vatten och blankas med en smörklick.

### Drink

Torrt vitt ev pärlande vin.

### Salladsdolmar

En grön liten munsbit.

Lägg en tsk mimosasallad köpt i lösvikt på sallatsblad. Rulla ihop, fäst med tandpetare.

Att dricka till, antingen ett vitt vin eller mineralvatten med smak av lime och jordgubbe i glaset.

### Jordgubbar i rioja

Klyv 1/2 liter jordgubbar, strö över ca 1 dl socker. Häll över rödvin, 2—3 dl. Ställ svalt någon timme eller längre.

# Fläskfilé med ädelostsås

Fläskfilén i den här menyn är inte bara fantastiskt lättlagad och snabb. Den bygger på få och enkla ingredienser.

Du får också en härlig sås utan vin för en gångs skull. Dessutom kan receptet lätt fördubblas ifall du vill laga för fler än fyra.

## MENY

*Vitvinsdrink med vermouthsmak*
*Canapé med räkor och löjrom*

*Fläskfilé med ädelostsås*
*och kokt ris Rött vin*

*Kaffe med chokladtårta*

### Fläskfilé

Här får du en mycket god och lättlagad sås med få och enkla ingredienser. Anrättningen i sin helhet är också mycket snabblagad. Fläskfilén kan alltså vara klar för servering inom 20—25 minuter, den tid det tar för riset att koka färdigt.

**Det här behövs för 4 pers:**
*600—700 g fläskfilé*
*1 tsk salt*
*2 krm nymalen vitpeppar*
*ca 1 msk smör*
*4 dl crème fraiche*
*1 grönsaksbuljongtärning*
*ca 75 g ädelost*

**Tillbehör:**
*kokt ris*
*4 fasta tomater*

**Gör så här:**
**1.** Börja med att koka riset. Kryssa tomaterna i skalet och doppa dem några sekunder i kokande vatten. Drag sedan av skalet. Dela varje tomat i fyra delar och tag bort kärnorna.
**2.** Putsa filéerna fria från hinnor och ev fett. Skär dem i 16 lika stora bitar. Salta och peppra filéerna och stek dem i smöret i ej för het panna 2—3 minuter på varje sida.
**3.** Ta upp filéerna och håll dem varma på en tallrik under folie. Slå crème fraichen i pannan och smula i buljongtärningen. Koka upp såsen under vispning och tillsätt osten i mindre bitar. Koka såsen ett par minuter tills osten har smält. Tillsätt ev köttsaft från tallriken där filébitarna ligger.
**4.** Ånga upp tomatbitarna lätt med ett par msk vatten någon minut i en liten kastrull med lock. Gör portionstimbaler av riset genom att packa varje portion i en oljad kaffekopp och stjälp upp i mitten på en het tallrik. Pudra ev toppen på varje timbal med en aning paprikapulver.
**5.** Fördela den heta såsen runt varje timbal. Placera ut filébitarna runt om (se bilden). Servera omgående.

### Chokladtårta

Vill du planera den här menyn lite mer i förväg och ge dig tid att baka chokladtårtan själv, får du här ett mycket bra och enkelt recept. Det är en lagom "kladdig" tårta.

**Det här behövs:**
*200 g mörk blockchoklad*
*200 g smör*
*4 ägg*
*2 dl socker*
*2 1/2 dl vetemjöl*
*1 tsk bakpulver*

**Gör så här:**
**1.** Smörj en form med löstagbar botten (24 cm i diameter).
**2.** Sätt ugnen på 225°. Smält blockchokladen och smöret i en tjockbottnad kastrull på svag värme.
**3.** Vispa ägg och socker poröst. Blanda vetemjöl och bakpulver noga. Rör försiktigt ner den något avsvalnade chokladsmeten i ägg- och sockerblandningen.
**4.** Vänd ner mjölet med varlig hand så att smeten blir slät. Rör man för häftigt sjunker smeten ihop.
**5.** Häll smeten i formen och grädda i ugnen 13—15 minuter. Tårtan ska inte ha stannat helt när den tas ur ugnen. Låt den kallna i formen. Servera den kall med en klick lättvispad grädde.

### Vitvinsdrink

Mät upp 2—3 msk torr vermouth i ett glas. Fyll på med 1 dl torrt vitt vin som ska vara väl kylt. Alldeles före serveringen späd med något kolsyrat vatten (ca 1/2 dl) och tillsätt några isbitar. Garnera ev glaset med ett par färska gurkskivor.

### Tilltugg räkcanapé

Smöra tunt skivat vitt bröd. Tag ut rundlar med hjälp av ett snapsglas eller liknande till en femkronas storlek. Beräkna 2—3 canapéer per pers.

Hacka ca 100 g skalade räkor grovt. Bind ihop räkorna med lite majonnäs samt tillsätt ett par msk hackad dill.

Fördela räkorna i klickar på de smörade rundlarna. Toppa varje canapé med 1/2—1 tsk löj- eller sikrom.

Vrid en aning nymalen vitpeppar över canapéerna och de är klara att avnjutas med drinken.

1981 VINTAGE
Chianti Classico
VENDEMMIA 1981
I.L.RUFFINO

# Filets mignons med vermouthsås och oliver

## MENY

*Lätt vindrink med grissinistänger*

*Filets mignons med vermouthsås oliver och kokt pressad potatis*
*Rött vin*

*Melonglass Kaffe*

Vermouthsåsen i det här receptet representerar en såstyp som är både god, snabb och enkel. I crème fraichen har du en utmärkt bas med en nästan färdig såskonsistens. Sedan behöver du bara sätta smak och must med lite vin, någon buljongtärning och ett par stänk soja samt lite kryddgrönt. Här kan du låta din fantasi få fritt spelrum när det gäller vinval och kryddning. Vad du dock bör observera är att detta blir en festsås som inte tillhör den magraste sorten, men den är mycket snabblagad och värd sina kalorier när den avnjuts.

### Filets mignons

Till den här såsen tycker vi att det passar bäst med ett ljust kött typ kalv eller fläskfilé. Vilket du nu än får tag på så välj om möjligt en färsk filé. Den behåller sin saftighet betydligt bättre än den frysta.

Det är potatisen som tar den längsta tiden i den här anrättningen. Vill du ha ett snabbare resultat så bjud kokt ris eller någon form av kokt pasta till.

**Det här behövs för 4 pers:**
*600—700 g fläsk- eller kalvfilé*
*1 tsk salt*
*2 kryddmått svartpeppar*
*ca 1 msk smör till stekning*
*1/2 dl torr vermouth*
*3—4 dl crème fraiche*
*1 grönsaksbuljongtärning*
*1 ask kryddkrasse*
*1—1 1/2 dl skivade oliver*

**Tillbehör:**
*Kokt pressad potatis*

**Gör så här:**
**1.** Börja med att råskala och koka potatisen. Putsa under tiden filéerna fria från fett och hinnor. Skär dem i 2—3 cm tjocka skivor. Skiva oliverna.
**2.** Hetta upp en traktörpanna eller liknande. Salta och peppra filéerna. Stek dem sedan hastigt i smöret 1—2 minuter på varje sida.
**3.** Lägg upp och fördela filéerna på heta tallrikar. Koka ur pannan med vinet och tillsätt crème fraiche. Smula ner grönsaksbuljongtärningen och ge det hela ett uppkok.
**4.** Smaka av såsen med en aning salt om det behövs samt klipp i kryddkrassen. Slå såsen runt filéerna och strö oliverna över. Servera omedelbart samt bjud nykokt pressad potatis till.

### Lätt vindrink

Blanda i ett högt glas lika delar torrt vitt vin och äppelcider. Se till att allt är mycket väl kylt innan du blandar. Lägg ett par tunna skivor skalad kiwifrukt i varje glas och garnera med en citronskiva. Bjud på grissinistänger som knaprigt tilltugg.

ROLIO
ANTI CLASSICO
NAZIONE DI ORIGINE CONTROLLATA
BARONE RICASOLI FIRENZE-ITALIA
12.0% VOL

# Olivettes con tagliatelle verde

## MENY

*Amber med is och citron*
*salta kex och jordnötsdip*

*Olivettes con Tagliatelle verde*
*Rött vin*

*Starkt kaffe med en liten*
*chokladbiskvi*

I ingrediensförteckningen för Olivettes rekommenderar vi antingen kalv- eller fläskfilé. Detta för att Olivettes är en typisk italiensk anrättning och i hemlandet lagas den enbart på kalv. Vi har dock lite besvärligare att få tag på äkta kalvfilé, varför fläskfilén är ett utmärkt alternativ.

Använder du dessutom färsk fläskfilé, kan vi garantera dig ett minst lika bra resultat som om rätten vore lagad med kalv. Dessa båda ljusa köttslag ligger nära varandra och kan vara svåra att skilja åt — speciellt då råvaran gömmer sig i en smakrik sås.

### Kalvrullader

Vid provlagningen och receptnoteringar tog den här rätten ca 50 minuter att tillaga. För detta krävs att du köper färsk filé eller har redan färdigtinad och att du har alla ingredienserna framme på arbetsbänken när du börjar. Följ sedan arbetsmomenten i rätt ordning och allt blir klart samtidigt, inom ca 1 timme.

**Det här behövs för 4 pers:**
*500—600 g fläsk- eller kalvfilé*
*ca 1 msk smör*
*salt och nymalen vitpeppar*

**Fyllning:**
*100 g leverpastej*
*1/2 dl finhackad rökt skinka*
*3 tsk konjak*
*1/2 tsk salvia*
*3 krm fyra kryddor (epice riche)*

**Sås:**
*1/2 dl konjak*
*1 grönsaksbuljongtärning +*
*3 dl vatten*
*2 tsk kinesisk soja*
*1/2 dl portvin eller madeira*
*2 tsk arrowrot*
*1—2 msk smör*

**Tillbehör:**
*Kokta, lätt smörsvängda spenatnudlar eller snäckmakaroner*

**Gör så här:**
**1.** Sätt på en stor kastrull med vatten till nudlarna eller makaronerna. Putsa filéerna fria från fett och hinnor. Dela dem i 16 lika stora bitar.
**2.** Ställ varje bit på högkant och platta ut till små lövtunna schnitzlar. Mjukrör pastejen och smaksätt den med skinkan, salvia, konjak och "Fyra kryddor".
**3.** Klicka ut och fördela pastejen på köttskivorna. Rulla ihop och vik in kanterna så att det blir små rullader, som sedan fästs ihop med tandpetare.
**4.** Krydda rulladerna med salt och peppar samt bryn dem väl runt om i smör. Späd med konjaken och buljongen samt smaksätt med sojan. Låt rulladerna brässera sakta under lock 2—3 minuter.
**5.** Koka under tiden makaroner eller nudlarna 6—8 minuter eller vad som står angivet på förpackningen. Ta upp rulladerna på en tallrik och plocka bort tandpetarna. Täck sedan över med folie så att de håller värmen.
**6.** Rör ut arrowroten med portvinet eller madeiran och vispa ner redningen i buljongen under uppkok. Smaka av och sila såsen samt vispa i 1—2 msk kallt smör.
**7.** Fördela makaroner eller nudlar och rullader på heta tallrikar och slå den heta såsen över rulladerna. Servera omedelbart.

### Amber

är en aperitifdryck som är gjord av äpple och har en alkoholhalt på 25 procent. Den har en viss sötma, varför det är viktigt att servera den väl kyld.

Bottna ett glas med en rejäl iskub och fyll på med önskad mängd Amber. Strama gärna till den med några tunna citronskivor eller droppa i lite citronsaft.

Som tilltugg föreslår vi små salta kex med jordnötsdip. Blanda hackade salta jordnötter med crème fraiche till en lagom fast massa, som sedan läggs i klickar på kexen. Beräkna 2—3 kex per person.

Shiraz
VINTAGE 1979
PRODUCT OF AUSTRALIA
75 cl e
Alcohol 12% by volume

# Citronfilé med gorgonzolanudlar

## MENY

*Blågul drink med ostsnurror*

*Citronfilé med gorgonzolanudlar Rött vin*

*Skogsbärssorbet*

Inledningen på den här måltiden går i blågult, en blå drink med dekor av gul citron. Detta är dock inte någon svensk meny utan snarare en måltid med sydeuropeisk anstrykning.

Drinkens blå färg kommer från den holländska likören med det fransk-klingande namnet Parfait Amour. Huvudrätten har klart inspirerats av det italienska köket där även sorbeten passar in.

Ibland kan det vara spännande att köpa sin sorbet färdig. Det finns nämligen ett flertal läckra smaker att välja på. Bland annat hittar du en sorbet med smak av ananas och citron. Dessutom finns det en äpplesorbet samt en med smak av skogsbär. Det finns också ett par varianter med exotiska fruktsmaker. De mer kända sorbetvarianterna är apelsin och citron.

Vi tycker att just sorbet i många fall är den perfekta desserten. Den kan köpas färdig, den kan stå klar när huvudrätten är avslutad — och den är lätt och ger både sötma och friskhet.

### Citronfilé

Försök i första hand att få tag i färskt kalvkött. Det går även bra med kalvinnanlår om det är tillräckligt ljust. Köp det i så fall i form av schnitzlar och skär dem sedan i strimlor.

Ett utmärkt alternativ till kalven är givetvis den färska fläskfilén som nästan alltid finns att få.

**Det här behövs för 4 personer:**

*500 g kalv- eller fläskfilé*
*1 msk citron- eller limesaft*
*1 tsk citronpeppar*
*1 msk olja (olivolja)*
*1 tsk salt*
*ca 2 msk smör till stekning*
*250 g äggnudlar*
*3—4 dl crème fraiche*
*1 grönsaksbuljongtärning*
*200 g gorgonzola (av starkaste sort)*

**Till garnering:** *Tunna skivor av citron eller lime samt lite slätbladig persilja*

**Gör så här:**

**1.** Putsa filén helt fri från fett och hinnor. Skär den sedan i grova strimlor. Blanda strimlorna med citronsaft, citronpeppar och olja och låt dem stå i rumstemperatur medan du förbereder pastan och pastasåsen.

**2.** Koka nudlarna i rikligt med vatten enligt förpackningens anvisningar. Gör under tiden gorgonzolasåsen. Koka upp crème fraichen och smula i buljongtärningen. Smula sedan i gorgonzolaosten och låt den smälta under omröring.

**3.** Strax före serveringen, hetta upp en stor stekpanna och låt smöret bli väl brynt. Lägg i köttet och stek det på hög värme hastigt och lätt i 1—2 minuter. Salta köttet försiktigt under stekningen. Låt nudlarna rinna av väl och blanda dem med gorgonzolasåsen. Fördela nudlarna på heta tallrikar och köttstrimlorna ovanpå. Garnera med citronskivor samt persiljeblad och servera omgående.

### Blå-gul drink

Mät upp 2—4 cl vodka i ett glas. Tillsätt 2 cl Parfait Amour. Fyll på med fruktsoda och tillsätt is. Garnera med en citronskiva.

### Ostsnurror

Kavla ut en smördegsplatta av den färdiga frysta smördegen till en fyrkant, ca 16 × 16 cm. Blanda 1/2 dl riven lagrad grevéost med 1/2 dl riven parmesanost samt 1 tsk paprikapulver. Pensla degplattan generöst med ett uppvispat ägg.

Strö över osten. Rulla ihop det hela som en rulltårta. Nyp ihop skarven så att rullen håller ihop. Lägg rullen med skarven nedåt och skär ca 1 cm tjocka skivor rakt av. Lägg ut skivorna på en ugnsplåt med bakpapper och grädda dem i 250 ° ugn ca 4 minuter. Servera ostsnurrorna nygräddade och varma. Fram till gräddningen kan ostsnurrorna stå färdiga i god tid på plåten.

# Kalvfilets mignons à la crème

## MENY

*Mousserande apelsindrink med varma jordnötter*

*Kalvfilets mignons à la crème med ristimbal*
*Rött vin*

*Fikon i konjak med mandelmassegrädde*

Tankarna kring den här menyn vill förmedla lite försmak av våren. Det blir i första hand sparrisen och det lätta ljusa kalvköttet som får stå för det vårliga inslaget. Om det är för tidigt att fråga efter den färska sparrisen, ger den konserverade ändå en viss försmak om vad som väntar. Såsen med sina mjuka runda smaker kompletterar det hela på ett lagom värmande sätt.

### Kalvfilets mignons

Har du svårt att hitta äkta gåslever kan du fråga efter ankleverpastej eller någon annan delikatesspastej.

**Det här behövs för 4 personer:**
*600 g kalvfilé eller stor färsk fläskfilé*
*1 tsk salt*
*ca 2 krm nymalen vitpeppar*
*1—2 msk smör till stekning*
*ca 3 msk konjak*
*2/3 dl portvin*
*2 dl vispgrädde*
*2 dl crème fraiche*
*1 burk äkta gåslever à 75 g*
*eller schweizerpastej*

**Tillbehör:** *ristimbal*
*grön sparris*

**Gör så här:**
**1.** Börja med att koka 4 portioner ris enligt förpackningens anvisningar. Öka dock på vätskan och koktiden något så att du får ett lite kladdigare ris. Vid serveringen packar du varje risportion i en med smör välsmord kaffekopp eller muffinsform och stjälper upp på heta tallrikar.
**2.** Putsa filéerna fria från fett och hinnor. Dela dem i åtta eller tolv lika stora bitar. Ställ varje bit på högkant och platta till var och en med en köttplattare eller en liten tjockbottnad kastrull.
**3.** Hetta upp en panna samt krydda filéerna med salt och peppar under tiden. Låt smöret bli nötbrynt i pannan varefter du steker filéerna på ganska hög värme 1 1/2—2 minuter på varje sida.
**4.** När filéerna är nästan färdigstekta, stäng av spisfläkten och tag pannan från plattan. Slå genast på konjaken, var beredd med en brinnande tändsticka och bränn av filéerna.
**5.** Lyft upp filéerna på en het tallrik och håll dem varma under folie på spiskanten. Ställ pannan åter på plattan och tillsätt portvinet. Koka ihop vinet till hälften. Tillsätt grädde och crème fraiche och koka ihop såsen ytterligare några minuter under vispning tills den blir lagom tjock.
**6.** Skär gåslevern i knappt 1 cm stora tärningar och rör ner dem i den heta såsen så att tärningarna smälter till en del. Smaka av såsen med salt samt ev några droppar konjak. Hetta upp sparrisen, fördela allt på heta tallrikar och servera omgående.

### Mousserande apelsindrink

Mät upp ca 2 msk apelsinlikör i varje glas (gärna av champagnemodell). Det går utmärkt med den svenska citruslikören Curacao Orange. Fyll på glasen med ett väl kylt mousserande vitt vin och garnera slutligen med en tunn skiva apelsin.

### Tilltugg

Som tilltugg kan man med fördel bjuda på varma, lättrostade, salta jordnötter. Hetta upp en stekpanna och lägg i nötterna i torr panna (utan något fett). Rosta nötterna några minuter under ständig omrörning tills de får lite färg och blir väl genomvarma. Salta nötterna lätt och bjud dem nyrostade och varma till drinken.

FUNDADA EN 1879
C.V.N.E.
Cune
iña Real
GRAN RESERVA
VINICOLA DEL NORTE DE ESPAÑA
HARO-RIOJA
13º
1975

# Kalvfilé med salviasås, salami och spenatnudlar

## MENY

*Cinzano Bitter med is och citron*

*Kalvfilé med salviasås, salami och spenatnudlar*
*Rött vin*

*Gorgonzola med färska körsbär*
*Rött portvin*
*Espressokaffe med liten chokladbit*

Den här måltiden präglas av italienska råvaror och tankegångar. Att inleda med en svalkande Cinzano med oliver och knapriga grissinistänger är både enkelt, snabbt och elegant. Köp helst svarta oliver med kärnan kvar och gärna i lös vikt om du har möjlighet.

Filén får en härlig kryddning av den vitlöksdoftande salamikorven. Salviasåsen ger ytterligare must åt anrättningen medan skockhjärtan och nudlar får stå för de lite mjukare tillbehören. Som helhet blir det en balanserad måltid som passar de flesta smakriktningar.

När det gäller avslutningen trappar vi upp styrkan och smaken ytterligare genom att föreslå en mogen gorgonzola. Även osten kräver en motvikt, färska körsbär med lagom sötma får stå för den balansen.

Det är sällan fel att avrunda med starkt kaffe och en liten chokladbit. Har du möjlighet att framställa espressokaffe förstärks den italienska stämningen ytterligare.

### Kalvfilé

Det kan ibland vara svårt att få tag i ljus vacker innerfilé av kalv. Tag då i stället färsk fläskfilé. Viktigt är dock att anrättningen görs på just innerfilé, som är mycket mjällare och mörare än ytterfilén på både gris och kalv.

**Det här behövs för 4 pers:**
*600 g kalv- eller fläskfilé*
*12 tunna skivor salamikorv*
*1 tsk salt*
*2 krm svart- eller vitpeppar*
*2 dl rödvin*
*1 grönsaksbuljongtärning +*
*2 dl vatten*
*1 msk kinesisk soja*
*1 1/2 tsk salvia*
*2 tsk arrowrot + 3 msk rödvin*
*2 + 2 msk smör*
*250 g spenatnudlar*
*1 burk kronärtskockshjärtan à 400 g*

**Gör så här:**

**1.** Putsa filén helt fri från hinnor och fett. Dela den i 12 lika stora bitar. Platta ut varje bit till knappt 1/2 cm tjocka medaljonger.

**2.** Lägg en skiva salami på varje filé och fäst den med en tandpetare. Koka upp vinet tillsammans med vattnet, buljongtärningen och sojan.

**3.** Koka spenatnudlarna enligt förpackningens anvisningar. Hetta under tiden upp en stor stekpanna. Krydda filébitarna med salt och peppar.

**4.** Stek fileerna i ca 1 msk smör ca 1 minut på varje sida. Tag bort tandpetarna och håll fiéerna varma på en tallrik under folie. Koka ur pannan med vinbuljongen och tillsätt salvian. Låt det hela koka 2—3 minuter.

**5.** Rör ut arrowroten i 2—3 msk rödvin och tillsätt det i en fin stråle under vispning. Koka upp såsen och smaka av. Vispa slutligen i 1—2 msk smör i såsen.

**6.** Dela varje skockhjärta i 4 delar och fräs dem lätt i lite smör. Tillsätt de nykokta väl avrunna nudlarna och blanda försiktigt. Krydda det hela med en aning salt och lite nymalen peppar. Fördela nudlarna på heta tallrikar med filéerna ovanpå. Slå lite av såsen över filén och resten omkring nudlarna. Servera omgående.

### Drink

Bottna ett vackert glas med en rejäl iskub och fyll på med Cinzano Bitter. Garnera glaskanten med en tunn skårad citronskiva. Bjud svarta oliver och knapriga grissinistänger till.

1980
ANTINORI
Classico
ITALIA

# Gåspastejfylld kalvschnitzel

"Gott och vackert, men inte pråligt" skulle kunna stå som rubrik för den snabbt lagade gourmetmiddag, som komponerats med tanke på julmånaden. Hoppas det passar er, kära läsare. Själva har vi mer än en gång letat i minnet efter just sådana bjudrätter. Mat som i stället för att slå våra gäster med häpnad med sin kostbarhet glatt överraskar dem på annat sätt.

Gott ska det vara förstås, men därutöver också gärna något mer. Det är exempelvis alltid roligt att upptäcka en ny råvara, att komma på en intressant råvarukombination, liksom att åstadkomma en tillagningsfiness som noteras.

I vår decembermeny finns några sådana komponenter.

Till glöggen har vi dukat fram torkade exotiska frukter. Mango, ananas, bananchips och pistagemandel är antagligen oprövade nyheter för de flesta och ger något att tala om till drinken.

I huvudrättens dubbla kalvschnitzel gömmer sig överraskande en skiva gåspastej. Den gräddiga potatisgratängen som serveras till är däremot lika välbekant som omtyckt.

---

## MENY

*Het glögg, frukt och nötter*

*Gåspastejfylld kalvschnitzel med avocadomousse och potatisgratäng*

*Rödvin, gärna av lättare typ. T ex en italiensk Chianti*

*Irish coffee*
*en fin chokladbit*

### Gåspastejfylld kalvschnitzel

Stora, tunnskurna kalvschnitzlar dubbelviks kring en god fyllning.

**Det här behövs för 4 personer:**

*4 kalvschnitzlar*
*80 g gåspastej*
*1 krm svartpeppar*
*2 msk margarin eller smör*
*1/2 tsk salt*
*2 dl tärningsbuljong*
*2 msk rödvin*

**Gör så här:**

**1.** Bred ut kalvschnitzlarna, banka ev ut dem något om de är tjocka.

**2.** Skär pastejen i fyra skivor och vik köttet dubbelt kring dem. "Nåla ihop" var och en med två tandpetare. Peppra helt lätt.

**3.** Stekningen ska ske snabbt, köttet får inte bli för mycket stekt. **Stek i sista minuten, när allt är klart för servering.**

**4.** Hetta upp stekpannan, fräs fettet och lägg i köttet först när det slutar skumma. Salta och stek båda sidor högst en minut. Lägg upp direkt på varma tallrikar.

**5.** Vispa ner buljong och vin i pannan efter köttet. Koka upp, smaka av och sila över skyn i skål.

### Potatisgratäng

Potatisgratängen är det enda som tar tid i den här menyn, börja därför med den.

**Det här behövs för 4 personer:**

*8 stora potatisar*
*2 dl grädde*
*2 tsk salt*
*1/2 vitlöksklyfta*

**Gör så här:**

**1.** Sätt ugnen på 225 °, smörj en vid ugnssäker form.

**2.** Skala och tunnhyvla (el skiva) potatisen. Lägg den i formen.

**3.** Salta, pressa över vitlök och häll på grädde, sätt in i ugnen 30—40 minuter.

### Avocadomousse

Avocadon kan serveras naturell till köttet, men man kan också "skära" den till en luftig mousse.

**Det här behövs för 4 personer:**

*1 stor mogen avocado*
*1 tsk citronsaft*
*1 dl vatten + 1/2 grönsaksbuljongtärning*
*gräslök*

**Gör så här:**

**1.** Koka upp vatten och grönsaksbuljongtärning. Kyl buljongen.

**2.** Klyv och gräv ur avocadon, kör den till mos i food processor med citron, buljong och lite klippt gräslök.

### Dessert

**Irish coffee**, dessert och kaffe-påmaten i ett. Blanda 2 tsk farinsocker och 1 1/2 msk whisky i varje kopp. Häll över ca 1 1/2 dl starkt, gott kaffe. Toppa med en stor sked vispgrädde och pudra ev över lite kakao.

# Kalvschnitzel med vårprimörer

## MENY

*Svalkande vindrink med tilltugg*

*Kalvschnitzel med vårprimörer och valnötssmör Vitt eller rött vin*

*Färsk melon, jordgubbssås*

Den här menyn är anpassad till vårens primörer som t ex sockerärter, haricots verts, brysselkål och små späda morötter. Även den färska sparrisen börjar det löna sig att fråga efter.

Som ackompanjemang till grönsakerna föreslår vi en tunn och lättstekt kalvschnitzel med en bit gorgonzolaost som smakförhöjande aromsmör. Som ett extra lyft åt grönsakerna några lättbrynta valnötskärnor, som harmonierar väl med osten.

Desserten är lättgjord: färska eller frysta jordgubbar körs helt enkelt till puré i en food processor. Gott till melonkulorna.

### Kalvschnitzel

Försök att få tag i så ljust kalvkött som möjligt. Ljus färg tyder på ett ungt djur, och det innebär ett mjällt kött med fina muskelfibrer. Be att få schnitzlarna lätt utplattade i butiken.

**Det här behövs för 4 pers:**
*4 kalvschnitzlar à ca 150 g (av kalvinnanlår)*
*100 g gorgonzola*
*1/2 tsk vit- eller svartpeppar*
*1 tsk salt*
*1—2 msk smör till stekning*
*500 g små späda morötter*
*300 g färska sockerärter eller haricots verts*
*4—5 msk smör till valnötterna*
*50 g grovkrossade valnötskärnor*

**Tillbehör:**
*Kuvertbröd*

**Gör så här:**
**1.** Börja med grönsakerna. Snoppa sockerärterna och se till att tråden längs med skidan följer med. Koka ärterna och morötterna var för sig i lättsaltat vatten (2 tsk salt per liter vatten). Koktiden för morötterna är 3—5 minuter och för sockerärterna 2—3 minuter.
**2.** Krydda under tiden schnitzlarna på båda sidor samtidigt som du hettar upp en stor stekpanna. Lägg i och låt smöret till stekning bli lätt brynt. Lägg i och stek schnitzlarna knappt 2 minuter på varje sida.
**3.** När du vänt schnitzlarna i pannan ska osten fördelas ovanpå så att den lagom börjar mjukna när schnitzlarna är färdigstekta.

Lägg upp allt på heta tallrikar (grönsakerna väl avrunna). Bryn valnötterna i nytt smör lätt och hastigt och fördela dem över grönsakerna. Servera omgående och bjud kuvertbröd till.

### Svalkande vindrink

Till en drink behövs 1 1/2 msk lingonlikör eller koncentrerad lingonsaft, 1 dl torrt vitt vin och 1 dl clubsoda.

Mät upp likören i ett högt glas. Fyll på med vinet, som bör vara väl kylt. Tillsätt ev krossad is. Blanda slutligen i sodan, rör om lätt och servera.

### Tilltugg

Skär färsk gurka i knappt 1/2 cm tjocka skivor. Lägg ett par skalade räkor på varje gurkskiva så att det blir en liten ring. Fyll hålet med sik- eller löjrom och vrid en aning nymalen vitpeppar över.

DE FRANCE
PÈRE & FILS
VINZELLES
1982
POUILLY-VINZELLES CONTROLÉE
AU CHATEAU, BEAUNE (COTE-D'OR)
13°3

# Grillad kalvschnitzel med gräslökssås

Det här är en lätt sommarmeny med påverkan från det italienska köket. Detta gäller både val av råvaror, kryddning och komposition.

Drinken på campari och apelsinjuice får väl vid det här laget räknas som en klassiker och fungerar utmärkt som både aptitretare och törstsläckare.

## MENY

*Campari Orange med osttilltugg*

*Grillad kalvschnitzel och squash med gräslökssås och baguettes*
*Rött vin*

*Isad melon surprise*

### Kalvschnitzel

Om vädret eller omständigheterna inte tillåter utegrillning, kan både kött och squash halstras i en stor gjutjärnspanna eller grillpanna på spisen. Pensla då först kött- och squashskivor med olja och halstra sedan i *väl upphettad* torr panna ca 1 minut på varje sida.

**Det här behövs för 4 pers:**
*4 tunna kalvschnitzlar à ca 140 g*
*2 medelstora squash*
*1 1/2 tsk citronpeppar*
*1 1/2 tsk finstött rosmarin*
*ca 1 tsk vitlökspulver*
*3—4 msk olivolja eller matolja*
*salt och nymalen vitpeppar till köttet*

**Gräslöksås:**
*2 dl vitt vin*
*1 grönsaksbuljongtärning*
*2 dl crème fraiche*
*ca 1 dl hackad gräslök*
*ev salt*
*ca 1 msk smör*

**Tillbehör:**
*Citron i tunna skivor*
*baguettes eller kuvertbröd*

**Gör så här:**

**1.** Börja med att tända grillen. I det här fallet, då grillningen ska ske snabbt och med hög värme, är vanligt grillkol det bästa bränslet. Räkna med att det tar 20—30 minuter tills du får maximal hetta.

**2.** Gör gräslökssåsen under tiden genom att koka ihop vinet och buljongtärningen tills ca hälften återstår. Vispa i crème fraiche och koka ytterligare 2—3 minuter. Smaka av med salt om det behövs och tillsätt gräslöken. Vispa slutligen i ca 1 msk kallt smör.

**3.** Skär varje squash i 4 skivor på längden. Blanda citronpeppar, rosmarin, vitlökspulver och ca 1 tsk salt. Krydda squashskivorna på båda sidor med blandningen och pensla dem med olivolja.

**4.** När grillen är het är det dags att krydda köttskivorna med nymalen vitpeppar samt 1—1 1/2 tsk salt. Pensla även köttet lätt med olivolja. Lägg köttet tillsammans med squashen på grillen och grilla allt ca 1 minut på varje sida.

**5.** Lägg upp kött och squash på tallrikar och fördela såsen (väl upphettad) omkring. Garnera med tunna citronskivor där du först skurit bort det gula skalet. Bjud vitt bröd till.

### Isad melon surprise

Som avslutning föreslår vi en isad melon med överraskande innehåll. Skär av ett lock på en melon på ca 1 1/2 kilo. Ta bort alla kärnor och gräv ur melonköttet i stora bitar med hjälp av en sked. Skär köttet i knappt sockerbitsstora tärningar.

Mät upp en dryg 1/2-liter färska hallon, jordgubbar eller smultron. Vispa 1 dl vispgrädde till hårt skum. blanda grädden försiktigt med 1/2 dl gräddfil, 1 1/2—2 msk socker samt 1/2 tsk vanillinsocker. Alldeles före serveringen blandas melonköttet (väl avrunnet) och bären försiktigt med grädden och det hela läggs tillbaka i melonen.

*Obs!* töm ev saft ur melonen innan den fylls.

### Drink

Mät upp 1/2 dl campari bitter och 1/2 dl drickfärdig väl kyld apelsinjuice i ett glas. Lägg i en rejäl isbit, garnera med en tunn skiva apelsin och drinken är klar för servering.

Obs: när det gäller drinkens styrka, dvs mängden campari, kan du öka och minska allt efter egen smak. Viktigt är att ingredienserna är väl kylda och att drinken serveras med is.

### Tilltugg

Skär färsk gurka i knappt 1/2 cm tjocka skivor. Lägg ihop gurkskivorna två och två med en bit gorgonzola mellan. Dela gurkskivorna till halvmånar som sedan fästs ihop med en tandpetare, toppad med oliv. Beräkna 3—4 halvmånar per person.

RDONNAY
di origine controllata
MEZZACORONA trento, italia

# Kalvlever Bretagne

Den kalvlever som man vanligtvis hittar i dag kommer från mellankalv. Den är ljusbrun till mellanbrun i färgen och ganska väl utvuxen. Hos en del välsorterade kötthandlare kan man ibland med lite tur även hitta gödkalvlever. Den har en ännu ljusare färg och är mindre i storlek.

Sedan finns den betydligt större och mörkare ungnötslevern som också är ett bra köp då kalvlever saknas. Ungnötslever hittar du i de flesta butiker som säljer kött. Slutligen finns även den fullt utvuxna nöt- eller oxlevern som kommer från äldre djur. Den är mindre lämpad för minutstekning och passar bättre i gräddiga grytor eller mald till leverbiff.

## Kalvlever Bretagne

Såsen är franskinspirerad med smak av lök, vitlök, svamp och vin. Den kan dessutom gärna även serveras till annat ljust kött.

**Det här behövs för 4 personer:**
*500—600 g kalvlever i skivor*
*1 tsk salt*
*ca 2 krm nymalen vitpeppar*
*1—2 msk smör*

**Sås:**
*2 + 2 msk smör*
*2 msk finhackad gul lök*
*1—2 finhackade vitlöksklyftor*
*200 g färska champinjoner*
*2 msk matlagningsmjöl*
*1 dl halvsöt madeira*
*1 grönsaksbuljongtärning*
*+ 3 dl vatten*
*1—1 1/2 msk kinesisk soja*

**Tillbehör:**
*4 portioner kokt ris blandat med 1 burk majskorn*
*ev slätbladig persiljekvist och citronklyfta*

# MENY

*Rosa gindrink med salta honungskex*

---

*Kalvlever Bretagne med majsris*
*Rött vin*

---

*Färsk ananas med likörgrädde Kaffe*

**Gör så här:**

**1.** Börja med såsen och tillbehören. Riset kokas enligt förpackningens anvisningar och blandas de sista minuterna med en burk väl avrunna majskorn. Smaka sedan av majsriset med salt samt blanka av det med en smörklick.

**2. Såsen:** Hacka löken och vitlöken mycket fint. Fräs de båda löksorterna i ca 2 msk smör utan att de får färg. Vrid några varv på pepparkvarnen över lökfräset. Tvätta och skiva champinjonerna i tunna skivor. Tillsätt champinjonerna och låt det hela fräsa ihop tills all vätska kokat in.

**3.** Tag kastrullen ett ögonblick från värmen och pudra över mjölet och blanda väl.

Tillsätt vin och vatten i omgångar under vispning och uppkok. Smula i buljongtärningen samt tillsätt oljan. Låt såsen koka sakta ca 10 minuter.

**4.** Smaka av såsen med salt om det behövs samt ev 1—2 msk madeiravin. Avsluta med att vispa i 2—3 msk kallt smör och såsen är färdig för servering.

**5.** Hetta upp en stor stekpanna och krydda leverskivorna med salt och mycket vitpeppar. Lägg 1—2 msk smör i pannan och låt det bli nötbrynt.

**6.** Lägg i leverskivorna och stek hastigt på ej för stark värme knappt 1 minut på varje sida. Kalvlever är mycket lättstekt och ska vara rosafärgad inuti när den lyfts ur pannan. Överstekt lever blir torr och hård även om det från början var en förstklassig råvara. Servera levern absolut nystekt med sås och majsris som tillbehör.

## Rosa gindrink

*3 cl gin*
*2 cl campari bitter*
*2 cl tonic*
*iskub*
*syltat körsbär*

Mät upp gin och campari i ett glas och rör om. Lägg i en liten isbit och toppa med tonic. Dekorera med ett syltat körsbär på en tandpetare och servera omgående.

## Tilltugg

Blanda 1 msk honung med 1/2 dl finhackade salta jordnötter. Sätt ugnen på grill eller högsta övervärme. Fördela nötblandningen med hjälp av två teskedar i hasselnötsstora klickar på 12 små salta kex. Lägg kexen på en ugnsplåt och ställ det hela i ugnen ca 30 sekunder under ständig uppsikt. Kexen och nötterna ska få en aning färg samtidigt som honungen får smälta ner lite över kexet. Tag ut plåten och salta lätt över kexen. Servera dem nygräddade som tilltugg till drinken.

Bourgueil
75 cl

# Kalvfärsjärpar med rödbetsbo

Rotsaker har plötsligt blivit något annat än vad de alltid brukat vara. När någon sagt husmanskost har man genast tänkt på rejäla svenska rotsaker i klassiska sammanhang. Fläsklägg med rotmos, mustiga grytor och soppor, brynta rötter eller stuvade morötter, raggmunkar med knaperstekt fläsk med flera härliga rätter.

I vart fall har man inte förrän nu känt att de hederliga rotsakerna kan upphöjas till något förnämare, kanske t o m vara ett elegant tillbehör på en vacker fransk tallrik. Men, det är just vad de är nu. Inne. Trendiga. En rolig utmaning för varje matlagares fantasi.

Det goda, nya rödbetstillbehöret på vår tallrik här intill är ett exempel på detta.

## MENY

*Mini-krabbtoast att äta på stående fot Vitt vin*

---

*Kalvfärsjärpar med rödbetsbo och saffransris*
*Rött vin*

---

*Mazarintårta eller biskvitårta — köpt — till kaffet*

### Kalvfärsjärpar

Finaste kalvfärsen gör man själv i food processor av fett- och senfritt kalvkött. Hur grov eller finmald man vill ha färsen avgör man själv — men det är lättare att få den för fin, än tvärtom.

**Det här behövs för 4 personer:**
*300 g kalvfärs el skivat kalvkött*
*1 1/2 tsk salt*
*1 krm svartpeppar*
*1 ägg*
*2 dl vispgrädde*
*smör till stekning*

**Gör så här:**
**1.** Om inte färdig färs används, mal köttet snabbt i food processor.
**2.** Tillsätt salt, peppar, ägg och sedan försiktigt grädden i mycket korta intervaller bara så att ingredienserna blandas.
**3.** Skölj en matsked i kallt vatten. Ta skedblad av den mjuka färsen och lägg dessa direkt i varm stekpanna med bubblande smör.

Satsen ger 16 järpar.

**4.** Stek dem över mild värme på tre sidor, sammanlagt 5—6 minuter.
**5.** Häll drygt en dl vatten i pannan, koka upp, dra pannan av värmen och lägg på lock i väntan på serveringen.

Servera klassiskt med potatis och gurka eller färgglatt och spännande med rödbetsbo och saffransris.

### Saffransris

Koka riset som vanligt i dubbel vattenmängd och enligt paketets beskrivning. Krossa lite saffran med salt i en mortel och lägg i kokvattnet. Blanda en smörklick i det färdigkokta riset. Packa det ev i koppar eller kakformar innan det stjälps upp och serveras.

### Rödbetsbo

De rårivna rödbetorna mjuknar en aning och blir lite ljusare röda när de doppas i kokande vatten.

**Det här behövs för 4 personer:**
*2 rödbetor*
*100 g färska champinjoner*
*1 msk smör*

**Till dressingen:**
*1 tsk vinäger, helst mild — gärna halloncider*
*1 msk olja, gärna valnöts-*
*1/2 tsk salt*
*1/2 tsk socker*

**Gör så här:**
**1.** Skala och råriv rödbetorna. Koka upp en kastrull vatten. Låt champinjonernas hattar fräsa sig gyllene i smör.
**2.** Blanda dressingen i en skål.
**3.** Lägg rödbetsraspet i en nätsikt och sänk ner den i det kokande vattnet. Ge det hela ett uppkok 15—30 sekunder.
**4.** Ta upp rödbetorna och låt dem rinna av. Blanda med dressingen. Snurra upp bon på uppläggningsfat eller portionstallrikar och lägg några champinjon-"ägg" i vardera.

### Drink

Ett välkylt vitt vin som inte behöver vara helt torrt.

### Mini-krabbtoast

Fantasinamnen är många på den krabbsmakande fiskprodukt man hittar i frysdisken. Krabbpinnar, havsmix, gourmetstrimlor etc.

*Skiva* ca 1/2 paket av denna ännu frysta "krabba".

*Blanda* med bara så lite majonnäs att det håller ihop.

*Lägg upp* på rutor av vitt, rostat bröd (ev pumpernickel).

*Garnera* med dillvippor.

1982
PRODUCED AND BOTTLED BY
HELENA, CALIFORNIA

# Gorgonzolasufflé med prosciutto

En djärvt och okonventionellt kombinerad måltid som gjord för vår och sommar och vackra luncher.

Huvudnumret är en underbar sufflé med smak av gorgonzola. I tillbehören följer vi upp det italienska och serverar sufflén med hela stånd lättkokt stjälkselleri med brynt mandelsmör, därtill lövtunna skivor prosciutto, den berömda italienska skinkan. Kokt skinka smakar också bra till.

Vi bjuder en fruktig, skummande drink med "längd", och ett tilltugg som retar aptiten men också "bottnar" lite.

Därefter går vi direkt på sufflén — var inte orolig, receptet är pålitligt och ger en sufflé med stadga. Bara en sak är viktig: börja inte grädda för tidigt! Till sist gör det inget om gästerna väntar några minuter vid bordet — på restaurang väntar man ju alltid till bords!

## MENY

*Drakblod lantpaté, oliver*

---

*Gorgonzolasufflé, prosciutto,*
*stjälkselleri med brynt mandelsmör*
*Italienskt rött vin*

---

*Glasstårta*

### Gorgonzolasufflé

Grädda sufflén i en 1—1 1/4 liters form med raka kanter eller i portionsformar på 2 1/2 dl.

**Det här behövs för 4 personer:**
*50 g smör*
*1 dl vetemjöl — knappt*
*1 dl mjölk — drygt*
*5 äggulor + 7 äggvitor*
*125 g gorgonzola*
*1/2 tsk salt*
*1/4 krm cayennepeppar*
*1 tsk potatismjöl*
**Till formen:** *smör + vetemjöl*

**Gör så här:**

**1.** Smörj väl och mjöla formarna. Värm ugnen till 225°. Skilj gulor och vitor, lägg vitorna i stor, ren skål.

**2.** Fräs smör och mjöl, späd med mjölk och koka den fasta stuvningen några min.

**3.** Tillsätt gulorna en i taget, dra kastrullen från värmen och smula ner osten. Smält den under omrörning. Smaksätt med salt och cayenne och ställ åt sidan att svalna av.

**4.** Vispa äggvitorna till hårt skum med torr, ren visp.

**5.** Skär ner först hälften av skummet och allt potatismjölet i smeten. Häll sedan över smeten i skålen med vitor och blanda med varsamma röelser. Fyll suffléformarna ända upp till kanten och släta till ytan.

**I detta skick kan suffléformarna invänta gräddningen 1/2—1 tim.**

**6.** Grädda på första falsen nerifrån, utan att öppna ugnsluckan, 18—22 min för stor form, 12—15 min för portioner.

### Skinka

Välj skinka av hög kvalitet, beräkna ca 50 gram per person. Italiensk prosciutto bör liksom rökt skinka vara lövtunt skuren.

### Stjälkselleri med brynt mandelsmör

**Det här behövs för 4 personer:**
*2 stånd färsk stjälkselleri*
*150 g smör*
*50 g sötmandel*

**Gör så här:**

**1.** Putsa selleristånden, klyv dem och skär bort ca 1/3 från toppen.

**2.** Koka upp rikligt med vatten.

**3.** Hacka mandel och lägg den i en annan kastrull med smöret, värm under omrörning tills smöret blivit lättbrynt.

**4.** Koka sellerin 5 min inför serveringen, ta upp, låt rinna av och häll över smöret.

### Drakblod

**För 4 personer:**
*1 halvflaska mousserande vin*
*1 halvflaska rödvin*
*saften av 1/2 apelsin*
*saften av 1/2 citron*

**Gör så här:**

**1.** Kyl det mousserande vinet och blanda det röda med apelsin- och citronsaft i en tillbringare. Ställ kallt.

**2.** Fyll rödvinsglas till hälften med vinblandningen. Dekorera ev med apelsinskal.

**3.** Fyll upp glasen med mousserande vin inför gästerna.

### Patétilltugg

Goda färdiga patéer finns i de flesta butiker med manuell charkdisk. Köp några skivor av en eller ett par sorter. Dela dem i lagom munsbitar, sätt i pinne. Bjud också oliver till.

# Stekt kyckling med portvinsstuvade champinjoner

## MENY

*Färska, svenska räkor*
*torrt vitt vin eller öl*

*Kyckling med portvinsstuvade champinjoner, smörsvängd paprika, potatis*
*Rött vin, gärna beaujolais*

*Gräddfyllda petits-chouxer, frukt*

Kyckling brukar inte höra till det man först tänker sig när man lite snabbt och någorlunda enkelt vill laga en kalasmåltid. I samband med kyckling brukar man nog ofta tänka sig en längre tillagning. Ta i så fall en extra titt på det här receptet. Enklare och behändigare kan kycklingen faktiskt inte lagas. Går på en halvtimme och sköter sig själv i ugnen. Under den tiden hinner vi gott skala och få på potatisen, strimla paprikan, lägga upp räkor och förbereda frukten till desserten.

### Kyckling med portvinsstuvade champinjoner

Lägg märke till den genialt enkla tillagningen. Både kyckling och champinjoner bryns i ugnen, och all smak tas tillvara.

**Det här behövs för 4 personer:**
*1 färsk kyckling*
*1 tsk salt*
*1 krm svartpeppar*
*1 msk smör*
*200 g färska skivade champinjoner eller*
*1 burk omelettchampinjoner, 190 g*
*2 msk portvin*
*1 1/2 dl vispgrädde*
*1/2 msk vetemjöl + 1/2 msk smör*

**Tillbehör:** *kokt potatis, smörsvängd paprika — se recept*

**Gör så här:**
**1.** Sätt ugnen på 225°.
**2.** Klyv kycklingen, skär bort ryggraden och dela varje halva i två delar.
**3.** Salta, peppra och lägg den i smord liten långpanna eller form.
**4.** Sätt in mitt i ugnen *30 minuter.* Efter 10—15 min hälls champinjonerna (med spad) runt kycklingen i formen.
**5.** Ta upp den färdigstekta kycklingen och skrapa ner svamp och sky i en kastrull. Tillsätt portvin och grädde och koka livligt medan en smör-mjölkula rörs ihop.
**6.** Red champinjonstuvningen med smör-mjölkulan. Koka några minuter och smaka av sältan.

### Smörsvängd paprika

Aningen mjuknad, men ändå fortfarande knaprig. Så blir paprika av valfri färg ett fint komplement till många ''lagade rätter''.

**Detta behövs för 4 personer:**
*2 fina paprikor*
*1—2 msk smör*
*1/2 krm salt*
*en doft av någon krydda, paprika, chilipeppar, mexikansk krydda etc*

**Gör så här:**
**1.** Halvera och skiva paprikan tunt.
**2.** Häll ner den i en kastrull kokande vatten, koka upp på nytt. Sila upp, spola snabbt med kallt vatten och häll ner paprikan i en gryta med uppfräst smör. Krydda och servera.

### Dessert

Arrangera en tallrik med en köpt färsk eller fryst petits-choux, skivad kiwi, några färska jordgubbar, och ett moget skivat päron.

Vill man höja ett glas, kan det vara portvin eller madeira i det.

### Drink

Svenska räkor som inte varit frysta är väl, om något, gourmetmat. Bjud några få på stående fot till ett glas mycket torrt vitt vin. Servera annars en räkpyramid vid sittande bord med gott öl av valfri styrka.

PRODUCT OF FRANCE
PAUL BOCUSE
Moulin-à-Vent
Appellation Moulin-à-Vent Contrôlée
75 cl

# Gyllenstekta kycklingbröst

## MENY

*Glöggdrink med ostkrämtoppar*

*Gyllenstekta kycklingbröst, med potatistussar — eller potatiskakor och isbergssallat*
*Rött vin*

*Fruktfat med päron, äpplen, färska dadlar, fikon och valnötter*

Eftersom vår målsättning är att hinna laga en hel meny med både drink och dessert på bara 60 minuter har vi oftast utgått från s k minutbitar. Kött och fisk i bekvämt tillskurna vackert putsade filéer.

Här kan användas frysta kycklingbröst, den som planerar in upptining kan välja dem. Men, ännu bättre är att köpa ett par färska kycklingar och ta brösten till den här middagen. Allt det övriga kan förvandlas till en härlig kycklinggryta.

### Gyllenstekta kycklingbröst

När man steker kött eller fisk som är mjölpanerat, gäller det att vara vaksam på stekvärmen för att få det rätta gyllene resultatet. Först ska pannan vara så het att fettet fräser och blir ljust nötbrunt, sedan ska värmen dämpas. Smör är känsligare för hög och långvarig hetta än margarin, varför det är lite lättare för den ovane att lyckas med margarinstekning.

**Det här behövs för 4 pers:**
*4 kycklingbröst*
*1 vitlöksklyfta*
*1 krm svartpeppar*
*1 dl vetemjöl + 2 1/2 tsk salt*
*smör eller margarin till stekning*

**Gör så här:**
**1.** Pressa en vitlöksklyfta över kycklingbrösten och gnid in dem med denna samt med grovmalen svartpeppar.
**2.** Blanda mjöl och salt i en djup tallrik. Vänd kycklingbrösten häri precis före stekningen.
**3.** Hetta upp en stek- eller teflonpanna, fräs en rejäl margarinklick och bryn sedan kycklingbrösten runt om.
**4.** Dämpa värmen och efterstek kycklingbrösten tills de är genomstekta, totalt ca 10 min. Färsk citron är gott att pressa över.

### Potatistussar

Fint råriven potatis och morot friteras till små frasiga tussar. Eller steks, om man hellre vill det, i vanlig plättlagg till trevliga potatiskakor.

**Det här behövs för 4 pers:**
*3 potatisar*
*1 morot*
*mjöl + salt*
*olja till fritering el smör till stekning*

**Gör så här:**
**1.** Värm sakta upp olja i en liten gryta (så går det åt mindre).
**2.** Skala och riv ganska fint potatis och morot i samma skål.
**3.** Ta små tussar av det rivna, vänd det i lättsaltat mjöl (färdig blandning från kycklingen finns ju), släpp ner en i taget i het olja och fritera tussarna gyllene någon minut. Man kan ev behöva hålla ihop dem med ett par gafflar. Ta upp och låt rinna av på hushållspapper.

### Isbergssallat

Fin frasig isbergssallat blir ännu krispigare om den får ligga en liten stund i friskt kallt vatten innan den serveras.

### Glöggdrink

En god och spännande drink, lite åt portvinshållet till. Häll upp välkyld starkvinsglögg i glas av sherrystorlek. Spetsa med några droppar citron. Lägg i isbit och liten citronskiva.

### Ostkrämtoppar

Skeda upp eller spritsa toppar av luftig ostkräm på småbitar av frasigt bröd — bagatell, cracotte t ex — eller på smörstekta vita brödrondeller.

**Det här behövs:**
*50 g ädelost*
*1/2 burk crème fraiche*

**Gör så här:**
**1.** Mosa osten och vispa den slät med crème fraichen. Ställ in i kylen ett tag så blir den fastare.
**2.** Lägg upp strax före serveringen.

# Desserter

### Vinråd

*Viner som passar till desserter finns i två varianter: dels de som har en inneboende sötma från mycket mogna druvor och dels de där sötman i druvorna bevarats genom en tillsats av sprit som stoppat jästsvamparna från att äta upp allt socker. De senare kallar vi gemensamt för starkviner.*

*Erfarenheten visar att det är svårt att hitta viner som gör sig själva rättvisa till chokladdesserter och apelsinsallader. Men annars finns det inga lagar som det inte går att rucka på.*

*Färska bär, allra helst hallon, smultron och jordgubbar och sauternes eller annan söt, vit bordeaux är en mycket lyckad kombination. De mycket söta vinerna från Rhen och Mosel eller Österrike är också bra, liksom den ofta mycket prisvärda ungerska tokajern.*

*Det finns också söta vita viner från Loire som passar in här, men tyvärr är de ofta väldigt dyra.*

*Suffléer, som ju är luftiga, ackompanjeras väl av ett sött mousserande vin som Asti Spumante eller — om det ska vara riktigt festligt — söt champagne. Dessa viner passar också utmärkt till crêpes suzette.*

*Till de mer tunga bakverken, som kanske innehåller nötter bör man titta på starkviner som portvin, söt sherry, cypriotisk commandaria, siciliansk marsala, spansk malaga, madeira eller något udda franskt som Banyuls.*

*Äppeldesserter och vintage port är en gammal beprövad kombination, liksom inlagda frukter som t ex päron tillsammans med muskatviner.*

*Trots det svenska klimatet äter vi gärna glass till efterrätt. Välj vin efter smaken på glass. Regeln är att lätta smaker kräver lätta viner och omvänt.*

*Undantag finns ju alltid. Prova t ex jordgubbar eller hallon med lite socker och en aning mogen röd bordeaux hälld över bären. Servera tillsammans med samma vin.*

*Av och till serverar vi ost till dessert. Moget rött vin smakar bäst till.*

*Ofta uppstår ren magi i mötet mellan mat och vin. Reglerna här ska vara till hjälp, men Du har alla möjligheter att skapa Din egen magi.*

# Smördegsbakat päron

Ett vackert päron passar många middagar. Roligt att göra, tacksamt att bjuda. Därtill hallonpuré eller fin vaniljsås.

**Det här behövs för 4 pers:**
*4 plattor fryst smördeg*
*1/2 ägg*
*2 färska päron*
*1/2 l vatten + 1/2 dl socker*
*+ 1/2 msk citronsaft*

**Fyllning och glasering:**
*50 g mandelmassa*
*+ 1 msk päronlag*
*2 msk aprikosmarmelad*

**Gör så här:**
**1.** Tina smördegen och kavla ut plattorna så att det går att sporra ut dels 4 bottenplattor av drygt ett pärons storlek, dels 4 ringar att lägga som kant.
**2.** Fäst kanten med ägg och lägg bottnarna på plåt med bakpapper.
**3.** Koka upp vatten, socker, citron. Skala och halvera päronen och sjud dem nätt och jämnt mjuka. Ta upp, låt dem rinna av och skiva dem tunt.
**4.** Riv och rör ut mandelmassan med lite päronlag och bred ut i vardera bottnen. Lägg över de skivade päronhalvorna. Pensla uppe på kanten sparsamt och grädda 20 min i 200°.
**5.** Värm aprikosmarmeladen med några droppar vatten, passera och pensla de kallnade päronen med den.

## Hallonpuré

**Det här behövs för 4 pers:**
*200 g färska el frysta hallon*
*lite florsocker*

**Gör så här:**
**1.** Kör hallonen till fint mos i mixer. Söta lätt om de var osockrade.
**2.** Passera och servera.

# Astrids gröna glassås

Som kolasås fastän grön och syrlig. Låt den breda ut sig som en simmig sjö på tallriken och lägg en stor, god vaniljglasskula mitt i.

**Det här behövs för 4 pers:**
*2 dl vitt vin*
*2 dl socker*
*1/2 dl pressad citronsaft*
*1/2 mogen avocado*
*1/2 liter god vaniljglass*
**Dekor:** *ev en physalisfrukt som på bilden eller en jordgubbe*

**Gör så här:**
**1.** Koka vin och socker sakta över svag värme tills det börjar bli simmigt och ca 1 1/2 dl återstår. Detta tar omkring 30 minuter.
**2.** Dra av värmen och låt sockerlagen kallna.
**Hit kan man förbereda.**

**1.** Häll den kalla sockerlagen i mixer eller foodprocessor. Riv av det gula skalet från citronen, spara det till serveringen. Pressa ur och häll citronsaften i mixern.
**4.** Tillsätt också den urgrävda avocadohalvan.
**5.** Kör såsen slät och smaka av. Servera den helst ganska omgående, eftersom avocadons vackra färg mörknar något under luftens inverkan.
**6.** Skeda upp såsen på flata tallrikar. Luta tallriken så att den brer ut sig.
**7.** Ta ut en riktigt stor kula av glass som börjat mjukna. Lägg kulan mitt i den gröna såsen och strö rikligt med citronrasp över.

# Maxims pärontårta

**Det här behövs till mördegen:**
*1 1/2 dl vetemjöl*
*1 tsk socker + 1/2 tsk salt*
*100 g smör*
*1 ägg*

**Till päronen:**
*3 mogna päron*
*6 dl vatten + 3 dl socker*
*saft av 1/2 citron*
*2 kanelstänger*

**Till mandelkrämen:**
*150 g sötmandel*
*100 g mjukt smör*
*1 1/2 dl florsocker*
*1 ägg*
*1 msk majsena- el potatismjöl*
*ev 1/2 msk rom el konjak*
*1 1/4 dl vispgrädde*

**Till glasering:**
*3 msk aprikosmarmelad + 1 msk vatten*

**Gör så här:**

**1.** Hacka ihop och blanda degen. Tryck ut den med mjölad hand i en 26 cm springform. Pricka bottnen och ställ den kallt 1 timme.

**2.** Skala, klyv och kärna ur päronen. Koka dem mjuka ca 20 min i vatten-socker-citron-kanel.

**3.** Skålla och skala mandeln. Mal 2/3-delar och hacka resten eller grovmal all.

**4.** Vispa smör och socker till krämen. Rör ner mandel, ägg, mjöl, sprit och grädde.

**5.** Grädda bottnen 10 min i 225°.

**6.** Bred ut krämen i bottnen och lägg i päronen. Grädda ca 30 min i 200° tills fyllningen "stannat".

Glasera med värmd marmelad + vatten.

# Stallis hasselnötsparfait

Få kalasefterrätter kan mäta sig med de frysta, eftersom de ju kan lagas veckor före festen. Denna ljuvliga parfait med massor av rostade hasselnötter är oemotståndlig när den bjuds lagom mjuknad.

**Det här behövs för 8 pers:**
*1 1/2 dl hasselnötskärnor,*
*75 g*
*4 dl vispgrädde*
*1/2 dl kirsch (el vit rom)*
*5 äggulor*
*3/4 dl socker*

**Till garnering:**
*vispad grädde*
*mintchokladplattor*

**Gör så här:**

**1.** Rosta hasselnötskärnorna 5—7 minuter i 250 °. Skaka dem sedan i t ex en kastrull med lock så att det mesta av skalet lossnar. Blås bort skalflagorna. Utomhus! Hacka nötterna.

**2.** Vispa grädden, men inte alltför hårt. Ta fram kirschen och en skål på ca 1 1/2 liter att frysa parfaiten i.

**3.** Vispa gulor och socker i en kastrull satt över sjudande vattenbad tills massan är pösig och börjar tjockna. Flytta då genast över kastrullen till diskhon med kallt vatten. Vispa hela tiden ivrigt tills massan är kall och pösig som en äggtoddy.

**4.** Vänd varsamt ihop äggmassan med nötter, kirsch och vispad grädde. Frys parfaiten ca 5 tim.

**5.** Ta ut och stjälp upp parfaiten, doppa först i varmt vatten. Skär den i bitar och garnera med vispad grädde. I detta skick kan parfaiten ånyo sättas in i frysen. Före serveringen bör den stå framme en kvart och garneras med på snedden kluvna mintchokladplattor.

# Avocadomousse med lime

Äkta lime ger god karamellsyra åt den gröna moussen som serveras ur avocadons ''skalskålar''.

**Det här behövs för 4 pers.**
*2 väl mogna avocado*
*2 lime (citroner)*
*1 1/2 dl florsocker*
*1 1/2 dl vispgrädde*

**Gör så här:**
**1.** Klyv och gräv ur avocadohalvorna. Skär 4 tunna garneringsskivor från limen, pressa resten.
**2.** Kör avocadon till puré med limesaft och florsocker — siktat om det verkar klumpigt.
**3.** Vispa grädden, blanda med avocadopurén och lägg upp i skalhalvorna eller krämkoppar. Garnera med vriden limeskiva.

# Vitvinssabayon med frukt

Varm och fluffig — som en vinsmakande äggtoddy! En oemotståndlig och god lättlagad sås till frukt och bär.

**Det här behövs för 4 pers:**
*4 äggulor*
*3/4 dl socker*
*1 1/2 dl vitt vin*
**Frukt:** *4 skalade och tunt skivade kiwi och/eller jordgubbar, stjärnfrukter (carambola), hallon*

**Gör så här:**

**1.** Ställ 4 flata tallrikar på värmning. Koka upp en kastrull vatten. Skala ev och tunnskiva den frukt som valts.
**2.** Vispa gulor och socker pösigt i en mindre, rostfri kastrull eller bunke.
**3.** Tillsätt vinet och vispa livligt över vattenbad tills såsen tjocknar.
**4.** Fördela på tallrikarna och lägg frukt i mitten.

# Körsbärspaj med portvinsgelé

Pajen är gjord med mörkrödsyrliga körsbär. Så goda när de sötas med gelé! Här med portvinsgelé som för enkelhetens skull köps färdigt.

**Pajen räcker för 6 personer:**
*1/2—1 l sura körsbär*
*1 glas portvins- el sherrygelé*

**Till degen:**
*2 1/2 dl vetemjöl*
*1/2 dl cocos*
*100 g margarin*
*1 msk vatten*
*1 äggula*

**Gör så här:**
**1.** Hacka med bordskniv ihop ingredienserna till degen och knåda sedan snabbt samman en deg som läggs en timme eller mer i kylen.
**2.** Kärna ur körsbären.
**3.** Sätt ugnen på 200—225 °. Kavla ut degen mellan ett par plastfolieark och klä en form med den. Välj helst en med lös kant, annars en ur vilken pajen kan serveras.
**4.** Nagga degbottnen och grädda den 8—10 minuter.
**5.** Smält portvinsgeléet i en gryta över svag värme.
**6.** Lägg körsbären trångt i pajskalet, ringla geléet över och sätt på nytt in i ugnen 5—10 minuter.

Servera pajen avsvalnad eller kall med vispad, helt osötad grädde.

# Förgylld glass med syltad ingefära

Glass i kalasklass. Lätt att göra närhelst man vill trolla fram något extra i dessertväg.

Syltad ingefära, punsch och vispgrädde till god vaniljglass.

**Det här behövs för 4 pers:**
*4 knölar syltad ingefära*
*1/2 liter vaniljglass*
*1 dl punsch*

**Till servering:**
*ev 1 1/2 dl vispgrädde*

**Gör så här:**
**1.** Finstrimla ingefäran.
**2.** Lägg upp glassen i coupeglas.
**3.** Häll över punsch och ingefära. Servera ev lösvispad grädde till.

**Alternativ:** Istället för syltad ingefära kan man ta apelsinskal. Strimla skalets yttersta gula och koka i 1 dl vatten + 1 dl socker, tills de är genomskinliga.

# Apelsincoupe à la Campari

Vackert skurna apelsinklyftor, campari och honung skapar en spännande bittersöt smakbrytning.

En frisk coupe som passar extra bra efter en mustig varmrätt.

**Beräkna till var och en:**
*1 apelsin*
*1—2 msk honung*
*1 msk campari*

**Dekor:**
*vispad grädde*
*apelsinskivor*
*ev myntakvist*

**Gör så här:**

**1.** Skär ut hinnfria klyftor så här: Skala apelsinen med vass kniv så att ytterhinnan kommer bort.

**2.** Skär sedan ut klyftorna så att till sist bara mellanväggarna finns kvar. Alternativt: skala och skär apelsinen i bitar.

**3.** Lägg upp klyftorna i coupeglas (inte spadet). Värm honungen om inte en flytande sort används. Häll över honung och campari. Garnera ev med vispad grädde.

# Inkokta päron med nougatgrädde

Päronen kan kokas in en dag före serveringen. Nougatgrädden bör däremot göras samma dag. Päronen kan stå helt färdiga i kylen några timmar före serveringen.

**Det här behövs för 8 pers.**
*4 päron*
*2 dl socker*
*+ 4 dl vatten*
*saften av 1 citron*
*2 dl vispgrädde*
*150 g nougat*
*1 påse flagad mandel*

**Gör så här**

**1.** Skala, dela och kärna ur päronen. Koka under tiden upp vatten, socker och citronsaft till en lag.

**2.** Koka päronhalvorna i lagen 3—8 minuter beroende på päronsort, mognad och storlek. Känn med en provsticka. När päronen börjar mjukna rakt igenom är de färdiga. Avbryt kokningen och låt päronen svalna i lagen. Ställ dem sedan i kylen så de blir väl kylda.

**3.** Smält nougaten i en liten skål över en kastrull med sjudande vatten. Vispa under tiden grädden till fast, slät konsistens. Tillsätt nougaten försiktigt i grädden. Rör varsamt (ej vispning) tills allt är väl blandat.

**4.** Ställ nougatgrädden i kylen en eller två timmar så att den får en fastare konsistens. Rör om försiktigt i grädden någon gång.

**5.** Rosta den flagade mandeln i torr panna på spisen några minuter under ständig omrörning. Bryt sönder flagorna i mindre flisor. Lägg upp päronen först på hushållspapper och sedan på fat. Klicka nougatgrädden i halvorna i generösa toppar. Strö slutligen mandeln över och desserten är klar att avnjutas ev med ett glas vitt portvin.

# Saffransbrylé med honung

Bland jordgubbarna i sitt eget spad tronar läckerbiten: saffransbrylé med honungsgrop.

**Det här behövs för 4 pers:**

*smör + 4 tsk honung till formarna*
*2 dl vispgrädde*
*1/2 krm saffran*
*1 msk honung*
*3 ägg*

**Till servering**

*1/2 l färska jordgubbar*
*eller 1 pkt skivade, frysta à 300 g*

**Gör så här:**

**1.** Sätt ugnen på knappt 175°. Skiva och varva färska jordgubbar med socker, eller tina skivade frysta.

**2.** Smörj 4 cocotteformar eller andra ugnssäkra portionsformar och lägg 1 tsk honung i botten.

**3.** Koka upp grädde, saffran och 1 msk honung.

**4.** Vispa upp äggen i en skål och vispa sedan ner den varma, men inte kokheta, grädden häri.

**5.** Slå smeten i formarna och grädda ca 20 minuter tills puddingarna stannat i mitten.

**6.** Stjälp upp och servera med jordgubbarna.

# Suffléomelett med flamberade mandariner

Nygräddad, pösig, brinnande. En dessertomelett att överraska med.

**Det här behövs för 2—3 personer:**
*3 ägg*
*2 msk socker*
*2 msk grädde*
*rivet skal av 1 apelsin*
*1 1/2 msk margarin*

**Till servering och flambering:**
*1 burk mandarinklyftor*
*1 msk strö- el florsocker*
*1/2—3/4 dl Grand Marnier el punsch*

**Gör så här:**

**1.** Ställ uppläggningsfat och tallrikar på värmning i 100 ° ugn. Skilj gulor och vitor. Häll vitorna i en torr, ren skål.

**2.** Rör ihop gulor, socker, grädde och apelsinrasp för sig.

**3.** Värm upp en omelettpanna, vispa vitorna hårt.

**4.** Vänd samman vitorna med gulorna. Fräs upp margarinet och bred genast ut smeten i pannan.

**5.** Täck med lock eller folie och grädda *sakta* ca 8 minuter.

**6.** Värm mandarinklyftorna i sitt spad. Sila av dem och lägg dem på det heta uppläggningsfatet. Värm spriten försiktigt.

**7.** Smörj stekpannekanten och låt den nygräddade omeletten glida ner och vika sig på fatet. Pudra över socker och ev lite apelsinskal. Häll spriten över mandarinerna och tänd genast vid bordet.

# Fikonpaj med jordgubbssmak

Har du några droppar likör eller punsch att smaksätta grädden med får anrättningen ett extra lyft, men det är absolut inte nödvändigt.

**Det här behöver man för 6—8 personer:**

*1 burk konserverade fikon à 480 g*
*1 pkt frysta skivade jordgubbar à 300 g*
*1/2 dl portvinsgelè*

**Pajdeg:**

*150 g smör*
*3 dl vetemjöl*
*2 msk vatten*

**Tillbehör:** *3 dl vispgrädde*

**Gör så här:**

**1.** Tag fram och tina jordgubbarna. Blanda samtliga ingredienser till pajdegen i en bunke så att allt blir väl blandat. Lägg degen svalt någon timme.

**2.** Sätt ugnen på 250°. Platta ut degen med handen i en form med ev löstagbar botten, ca 24 cm i diameter.

**3.** Se till att degen täcker botten väl och att den når upp ordentligt på och nästan över kanten. Picka degbotten lätt med en gaffel och förgrädda pajskalet i 10 min i ugnen.

**4.** Smält under tiden portvinsgelén på svag värme i en kastrull. Kör jordgubbarna med sitt spad till puré i mixer eller mosa dem omsorgsfullt genom ett durkslag.

**5.** Rör ner den smälta gelén i jordgubbspurén. Dela fikonen i halvor och lägg dem i det förgräddade pajskalet.

**6.** Slå jordgubbspurén över fikonen och ställ pajen till gräddning i ugnen 12—15 min i 250°.

**7.** Låt pajen svalna och servera den med lättvispad grädde.

# Glace au four

När du gör glace au four är det viktigt att glassen tas direkt ur frysen och är ordentligt hård. Som garnering passar det bra med färsk frukt och färska eller frysta bär. Låt fantasi och tillgång avgöra vad det blir — men se till att både ögat och smaken får vara med och bestämma.

**Det här behövs för 8 pers:**
*3 paket vaniljglass à 1/2 liter*
*1 färdigköpt tårtbotten*
*5—6 msk citruslikör eller punsch*
*6 äggvitor*
*6—7 msk strösocker*

**Garnering:**
*Färsk eller konserverad frukt*
*Färska eller frysta bär*

**Gör så här:**

**1.** Sätt ugnen på 200 °. Lägg tårtbottnen på ett lagom stort ugnsfast fat. Dränk in bottnen med likören.

**2.** Vispa äggvitorna till mycket hårt skum. Tillsätt sockret och vispa ytterligare en kort stund så att smeten blir väl blandad. Förbered bär och frukt till garneringen.

**3.** Tag glassen direkt ur frysen och skär den i stora kuber. Stapla kuberna på tårtbottnen till en pyramid. Bred med hjälp av en stekspade eller liknande ca 2/3 av marängsmeten över glassen så att den blir helt täckt.

**4.** Lägg resten av marängsmeten i en spritspåse och spritsa dekorativa krumelurer över glassen. Sätt fatet på galler längst ner i ugnen och grädda tills marängen får vacker färg, 4—6 min.

**5.** Gör under tiden klart frukt och bär, så att fatet kan dekoreras så snart det kommer ur ugnen. Servera glassen omgående när allt är klart.

# Fruktsallad au Champagne

Salladen på färggranna frukter får en lag av skummande vin — samma som serveras i förväntansfulla gästers glas.

**Det här behövs för 4 pers:**
*200 g blå el röda druvor*
*2 mogna päron*
*1 papaya*
*3 kiwi*
*1/ 2 dl socker*

**Till servering:**
*ev 2 passionsfrukter*
*ca 4 dl söt champange, mousserande vin el cider*
*mandelkakor el flarn*

**Gör så här:**
**1.** Skölj, klyv och kärna ur vindruvorna.
**2.** Klyv, kärna ur, klyfta och tunnskiva päronen.

Klyv, kärna ur, klyfta, skala och skär papayan i bitar. Halvera, skala och skär kiwin i halvmåneskivor.

Lägg frukten i en skål, strö över socker och ställ kallt fram till serveringen.
**4.** Blanda salladen. (Klyv och gräv ur passionsfrukterna och ''strö'' kärnorna över.)

Öppna vinet vid bordet, häll det över fruktsalladen och i gästernas glas.

# Petits-choux-pyramid

Av receptet får man bildens jättepyramid för bortåt 12 personer, men det är mycket enkelt att halvera och då fås en generös dessert för 4—5.

**Det här behövs för 10—12 pers:**
*4 påsar petits-chouxmix*

**Till fyllningen:**
*6 dl vispgrädde*
*1/2 dl punsch*

**Till chokladsåsen:**
*200 g mörk blockchoklad*
*2 dl vatten*
*4 msk socker*
*1 1/2 msk potatismjöl + 1 dl vatten*

**Gör så här:**
**1.** Blanda petis-chouxmixen enligt påsarnas anvisningar. Spritsa med slät tyll eller skeda ut valnötsstora klickar på plåt täckt med bakpapper.
**2.** Grädda dem i 225 ° 15—20 min på andra falsen uppifrån och låt dem sedan kallna helt utan att vara övertäckta.
**Petits-chouxerna kan bakas flera dagar i förväg.**
**3.** Några timmar före serveringen fylls de med hårt vispad grädde som smaksatts med punsch. Gör med kniv ett litet hål i var och en och fyll dem med hjälp av spritspåse.
**4. Såsen kan göras i förväg och sedan värmas.** Koka upp blockchokladen med 2 dl vatten och socker. Blanda potatismjölet med resterande vatten och tillsätt det under omrörning. Låt chokladsåsen sjuda upp och redas. Dra den från värmen.

När pyramiden byggs behövs lite av chokladsåsen som ”klister”. Ställ pyramiden kallt till serveringen.

# Karamelliserad Brie

Tro det eller ej, men osten blir inte bara vacker och spännande, utan också god med sitt knäckiga tak.

**Det här behövs för 8—16 pers:**
*1 mogen, men inte övermogen, lantbrie på 1 kg, t ex Tour de France eller Brie de France.*

**Dekor:**
*50 g valnötskärnor*
*slätbladig persilja*

**Karamell** (**nougat**):
*1 dl vatten*
*2 1/2 dl socker*

**Gör så här:**

**1.** Lägg osten på ett fat och förbered dekoren.

**2.** Koka upp vattnet i en ren stek- eller teflonpanna. Tillsätt sockret, utan att röra. Rotera i stället pannan på plattan så att sockret löser sig jämnt.

**3.** Koka tills "karamellen" bubblar friskt och börjar gulna lite.

**4.** Därefter kommer smeten att mörkna snabbt, så nu gäller det att omedelbart skeda ut den över osten. Samt att lägga på garneringsblad och nötkärnor.

Karamelliseringen kan göras dagen innan om man vill, men kan bli en aning fuktig.

# Sakregister

# Sakregister



## Drinkar



## Drinktilltugg